九州大学
文学部　3
人文学入門

コミュニケーションと共同体

光藤宏行［編］

九州大学出版会

人 文 学 ——人をつなぐ，文字でつなぐ——

　なぜ人は集まるのか，そしてまたその集まりがなくなることがあるのはなぜか？　有史以前より人々はコミュニティ，つまり共同体を形成し，解散や消滅を繰り返してきた。小さな共同体の例は家族や恋人，友人であり，大きな共同体の例は国家である。共同体が新たに作られるとき，または消滅する物語を見聞きするとき，私たちは種々の感情を抱く。物語は，文字による史料として，後世の人々に伝えられてきた。歴史を通じて変化する共同体の一例は，『九州大学文学部人文学入門1　東アジア世界の交流と変容』で紹介されている通りである。

　共同体が形作られるときには，人のあいだのやりとり，つまりコミュニケーションがなされる。コミュニケーションとひとことで言っても，様々な形態がある。一つは，文書に残すことができるような，文字を使う言語によるコミュニケーションである。それに加え，人が面と向かい合って話し合う時には，その人に関する見た目の情報や表情などが加わる。

　著者らは，共同体とコミュニケーションの成立や維持，消滅について，人文学の視点から考察するために，本書『九州大学文学部人文学入門3　コミュニケーションと共同体』を企画した。人文学のユニークな点は，人間の本質を捉えるために，人々が遺してきた文献を調査し考察する点にある。文献は，地域や年代によって，広範囲に変化する。したがって，文献を扱う人文学の研究分野も広大なものになる。さらに近年では，文献に基づく調査や研究に加え，観察や実験などの自然科学に近い研究手法が用いられることも多い。本書はそれらも反映し，年代，地域，研究手法ともに広範囲に渡る構成となった。

　第Ⅰ部「言語的視点」では，コミュニケーションの柱の一つである，言語を取りあげる。5つの章に渡り，コミュニケーションと言語に関わる理論について，その適用例を実例を交えて紹介する。

第II部「非言語的視点」では，言葉によらないコミュニケーションと共同体に関わる話題について，哲学と心理学に基づく考察を行う。視線や表情によってコミュニケーションをとること，また表情による他者の認識，共同体の見かけに関わる視覚的要因について解説する。

　第III部「歴史的・現代的視点」では，比較的大規模な共同体を取りあげ，コミュニケーションと共同体に関わる実例と，その説明理論を俯瞰する。中世・近代の組織についての史料に基づく分析と，現代における共同体とコミュニケーションにまつわる社会学的な問題について取り扱う。

　本書のもう一つの目的は，コミュニケーションと共同体を身近な題材とし，人文学の幅広さと，それを構成する研究分野の独自性と奥深さを紹介することである。九州大学文学部の人文学科は，哲学，歴史学，文学，人間科学の4つの領域から構成されている。本書と本シリーズを通して，人文学とそれを構成する研究分野についての読者のさらなる関心と興味を呼び起こすことができたら幸いである。

　本書の刊行にあたっては，平成23年度九州大学教育の質向上支援プログラムから部分的な援助を受けた。本書の編集については九州大学出版会の尾石理恵さんに，出版に関する広範囲な支援については九州大学文学部後小路雅弘教授と文学部長高木彰彦教授のご協力とご尽力に厚くお礼申し上げます。

編者　光藤宏行

目　　次

人 文 学 ——人をつなぐ，文字でつなぐ—— ……編者 光 藤 宏 行　i

第Ⅰ部　言語的視点

1　コミュニケーションの可能性について ……… 菊 地 惠 善　3

2　他者の発言にまつわる問題意識：哲学の観点から
　　………………………………………… 吉 原 雅 子　19

3　他者の発言にまつわる問題意識：言語学の観点から
　　………………………………………… 上 山 あゆみ　33

4　コミュケーションと配慮表現 …………… 青 木 博 史　45
　　――日本語史の観点から――

5　コミュニケーションの道具としての言葉 …… 西 岡 宣 明　61
　　――「発話の繰り返し」と文法現象――

第Ⅱ部　非言語的視点

6　音楽的・聴覚的思考に基づく虚構的コミュニケーション
　　………………………………………… 東 口　　豊　79

7　視線コミュニケーションの基盤 ……………… 三 浦 佳 世　91

8　表情を利用したコミュニケーション能力の測定
　　………………………………………… 中 村 知 靖　105

9　共同体の見かけ ……………………………… 光 藤 宏 行　117

第Ⅲ部　歴史的・現代的視点

10　中・近世ドイツ都市と共同体 …………………… 神寶秀夫　131

11　モンゴル時代多元社会におけるコミュニケーション
　　　──言語接触からみたモンゴル語と漢語の翻訳文体・口頭語──
　　　………………………………………………… 舩田善之　145

12　過疎高齢社会における社会参加活動 ………… 高野和良　159

13　少子・高齢化時代の社会学 …………………… 安立清史　173

14　マスメディアなきマスコミュニケーション … 鈴木　譲　189

＊引用文献・参考文献の表記については専門分野や国によって表示方法の違いがあるが，本書を通してある程度の統一を図った。

第Ⅰ部

言語的視点

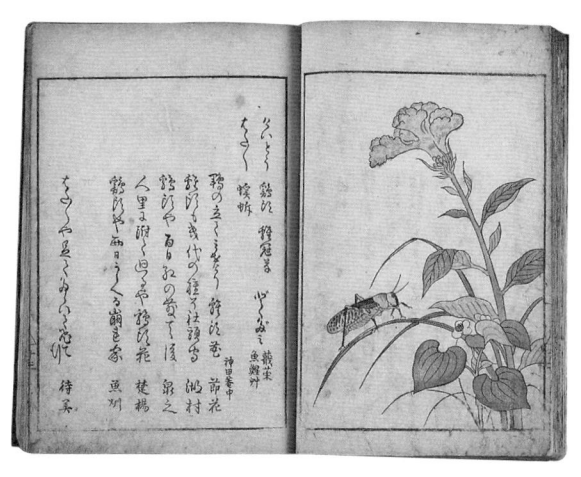

「山の幸」（九州大学附属図書館雅俗文庫蔵）

1 コミュニケーションの可能性について

菊 地 惠 善
（哲学）

はじめに

　私たち人間は，一人では生きられない。食料や住宅や衣服といった生活の必需品をまかなうためには他人の協力が必要であるし，意思の表明や感情の表現や活動の実践においても他人との交流が欠かせない。自分にとって必要不可欠なパートナーである別の人間を一般的に他者と呼ぶとすれば，人間はこのような他者との共同性において生きていると言うことができる。そこで人間には，このような他者との意思疎通を図ることが非常に重要になってくる。実際に私たちは毎日他者と，言葉を通して情報を伝えたり，気持ちや意見を表明したり，あるいは，依頼や取引や議論といったさまざまな関係を構築したりしながら生活している。人間における高度で複雑な共同生活は，このようなコミュニケーション行為によって支えられているのである。
　ところで，しかし，この人間の間におけるコミュニケーションは，常に自他相互の理解を達成しているかと言えば，必ずしもそうではない。確かに理解が達成されて，協調と連帯の関係が築かれることもあるが，むしろそれは例外であって，たいていの場合は相互の理解においてずれや間違いが生じ，最悪の場合は対立や抗争も生み出したりするのが現実である。自分の気持ちが他者に伝わらない，自分の行動が自分の考えとは全く違ったものと他者に受け取られてしまった，あるいはさらに，相互に理解し合えていたと思っていたのに，理解していた内容は同じではなかった，このような経験は誰にでもあるだろう。
　コミュニケーションを現に行っているのに，そのコミュニケーション

は必ずしもいつも成功するとは限らない。誤解や曲解が生じるし，人間同士の関係を破壊する対立や無理解に終わることもある。ところで，こうしたコミュニケーションにまつわる困難や失敗は，コミュニケーションがたまたまうまく行かなかったケースであり，コミュニケーションそれ自体はうまく遂行すれば必ず相互の理解をもたらすものなのだろうか。それとも，反対に，コミュニケーションは，理解の達成の可能性もあれば，失敗の可能性もある，常に両方の可能性を孕んだ危険な賭けのようなものなのだろうか。コミュニケーションが実際に順調に円滑になされている場合もあるが，それ以上に，誤解や曲解，無視や無理解，さらに頓挫や拒絶など，コミュニケーションそのものが否定されるような場合も数多く存在することを考えれば，コミュニケーションが成立することを自明なこととして前提することは，むしろコミュニケーションの本質を見誤らせるものであろう。もしかしたら，コミュニケーションはその始まりから，ある種の原理的な困難さを抱えた実験的作業といったものであるかもしれない。

現に成り立っている事実を当然と考えて，失敗や逸脱や不在などを単なる例外的な事例として処理してしまうのではなく，あらゆる場合やあらゆる現象を広く視野に収め，むしろそうした例外的な事例をこそ基本的な事実の本質を指し示すものと受け止め，自明で当然と思われている事実の成立根拠を明るみにもたらそうとすること，これが一般に哲学と呼ばれる知的探究の仕事である。そこでここでは，コミュニケーションについて，どうしてコミュニケーションが可能なのかという，この最も根本的な問題を考えていくことにしたい。

1　コミュニケーションの成立条件

他者

コミュニケーションが成り立つための基本的な条件として考えられるのは，その相手とそれを行うための手段である。先に，その相手について，どんな相手ならコミュニケーションが可能かを考えてみよう。

まず，人間以外の生物ではどうか。例えば，ヘビやイヌやサルではどうか。ヘビの場合，ヘビには手足もなく，地上を這い回り，しかも卵生の爬虫類であるため，身体の形状や生態が人間とあまりに異なるので，コミュニケーションは不可能だと思われる。次にイヌの場合，たとえ四足動物であるとはいえ，人間のペットになるくらいなので，相当程度のコミュニケーションが可能だと考えられる。人間の言葉に反応し，一定の指示された行動をしたりする。だがしかし，それも限られた範囲の行動でしかないし，人間とイヌが双方向でコミュニケーションをしているとまで言えない。実際，人間がイヌに今日は散歩に連れていけないとか，イヌが人間に今日は散歩に行きたくないとか，意思を伝達することはできない。最後にサルの場合，人間と同じ哺乳類であるから，身体の形状も人間に近く，世界の認識も人間と共通する部分が多いと思われる。親子や集団といった社会的な関係に基づく生活もある程度は人間と共通している。だが，道具や技術や知識といった工作物とそれを土台にした抽象的な関係はおそらく持っていない。したがって，カキの種とおむすびを交換しようという交渉すらサルとの間では不可能であるに違いない。ましてやそれ以上の複雑なことを話し合うことは期待できない。
　次に，人間に非常によく似た人型のもの，つまり，人間の作るロボットや，あるいはSFに登場する想像上の地球外生物，すなわち宇宙人の場合はどうか。ロボットの場合，人間と囲碁をしたりサッカーをしたりできるかも知れない。一定のルールを記憶し，人間に匹敵する身体の運動ができれば，それは可能である。但し，ロボットに決定的に欠けているのは，その行動をする欲求であり，目的であり，快楽である。ということは，困難もない代わりに困難を克服する努力も，困難を克服した喜びもなく，そもそも行動を始める動機がないということである。行動を自ら始められないロボットと私たち人間は，思考や感情や意欲を共有できないから，コミュニケーションはおよそ不可能であろう。次に宇宙人の場合はどうか。SFに登場する宇宙人は多くの場合，高度な知性の持ち主であり（地球までやって来たので当然であるが），既になぜか地球

人の言語を習得していることが多い（でなければ地球人との交流の物語にならない）。だが，この想定には無理がある。地球人の言語を習得したとしても，彼らは地球人のような形態や生活や文化を築いているはずはないから，つまり，地球人と同じような欲求や目的や意図を持っているとは考えられないから，地球人とコミュニケーションを行うことはできるはずもない。

そこで，もしコミュニケーションが成り立つのだとすれば，その原理的な条件として，身体の形状によって制約される世界の認識や行動の仕方が似ていて，しかも生活や文化が似ていて，欲求や意図や信念がおおよそ共通であることが必要になる。人間にとってそのようなコミュニケーションが可能となる相手とは，言うまでもなく他の人間である。

言語

では次に，コミュニケーションの手段は何だろうか。それは，改めて言うまでもなく言語である。身振りや手振りや表情，あるいは唸り声や叫び声などの単純な音声では，複雑で多様な意味の区別を表現することは不可能である。それらを表現するには，どうしてもやはり多くの意味を区別して表現できる言語が必要である。言語は物理的な発声音の区別をはるかに超えて，単語や文へと重層化し，さらに複数の文を構造化したりして，多様な意味と内容と効果を表現することができる。このような言語が開く抽象的な意味の世界によって，人間は世界の認識と意思の伝達を，時間や空間といった物理的な制約を超えて行うコミュニケーションの可能性を獲得したのである。

人間は言語によってコミュニケーションを行う。これは事実である。しかし，いつでも完全に成功しているという意味で自明な事実であるわけではない。誤解や無理解があるという失敗例からもその自明性はすぐに疑われてくるし，言語がなぜ自他の間に共通の意味の理解をもたらすのかという原理的な問いを立ててみる時にも，その自明性はたちまち一つの謎に変わる。私が相手に伝えたい意味を言葉に表現し，その言語を

受け取った他者が言語に表現された意味を理解することでコミュニケーションが成り立つのであるとすれば、言語が表現する意味とはどんなものなのか。この意味の正体を突き止めない限り、自他の間でその意味が伝達され理解されるというコミュニケーションの謎は解き明かされたことにはならないだろう。

　言語の表現する意味とは何か。ごく普通に考えると、私たち個々人がそれぞれの精神の内に持っている、何か抽象的な内容だと思われる。そして実際、西洋近世の哲学者ロック（J. Locke, 1632-1704）はそのように考え、それを「観念（idea）」と呼んだ。私たちは感覚や感情や思想をそれとしてまず知っていて、それを他者に伝達するために、次にそれらを適切な言葉に言語化する。例えば、（腹が痛い）ので「腹が痛い」と言う。また、英語を習う時、日本語の「赤い」は英語では「red」と言うのを知ると、日本語と英語に共通の「赤さ」が観念としてまずそれとして理解されていて、それが日本語では「赤い」と言われ、英語では「red」と言われるのだと自然に考える。

　だが、言語の意味を各個人が持つ「観念」と考えると、自他の間のコミュニケーションがどうして成り立つのか、意外なことに、予想に反して答えられなくなってしまう。つまり、こうである。私は（腹が痛い）のを感じて、それを「腹が痛い」と表現して他人に伝えようとしても、私の言葉を聞いた他人は、言葉を聞くことはできても、私の（腹が痛い）ことを私と同じように感じることはできないから、本当は私の言葉を理解しているとは言えない。そこで、他人は私の言葉を聞いても、私の腹の痛さは分からないから、自分の腹の痛さを想像して、それを私に投影し類推して理解するのだと考えたとしても、私と他人が同じ意味を理解しているのかは、やはり確かめることはできない。本人にしか接近不可能な意味でも、あるいは自分の理解している意味を他者に投影する想像的な類推でも、厳密に考えれば、自他の間のコミュニケーションは架橋できない溝によって分断されることになる。

2 言語と意味

使用（ウィトゲンシュタイン）

「腹が痛い」の痛みの意味が私の感じている（痛さ）だとしたら，他者はそれを直接感じることができないから，他者は私の言語表現を理解できないことになり，自他の間のコミュニケーションは不可能になる。なるほど確かに，一方では，痛みの感じ方からすれば「痛い」は私の感じる（痛い）を指しているように思えるが，しかし他方では，もしそうならば本来は不可能であるはずのコミュニケーションが，実際には自他の間で相当程度において間違いなく成り立っているのも事実である。では，コミュニケーションの可能性を説明するためには，言語の意味をどう考えればよいのだろうか。この問いに対して，言語の意味は「使用（use）」であると答えたのが，20世紀を代表する哲学者ウィトゲンシュタイン（L. Wittgenstein, 1889-1951）である。

例えば，「赤い」という言葉の意味。言語を習得してしまっている現在の私からすれば，「赤い」は私の感じる（赤さ）を指しているように思われる。しかし，少し考えれば分かるように，その（赤さ）を「赤い」という言葉を習い覚える以前に知っていたとは思えない。では，その「赤い」の意味をどのようにして私は理解したのか。「赤い」という言葉は，その言葉が使われるさまざまな対象（リンゴやバラや血など）との接触において，そして，同じ色の中で赤以外の色との対比の中で（黄色いリンゴや黄色いバラなど），さらには，色以外の他の性質との対比の中で（形や大きさや重さなど），色という性質の一種として理解されたことは疑いようのない事実である。私が直接に知っている感覚的な印象と思われているものは，本当は実際，世界の中に存在するものを幾重にも重層的に分類する作業の結果として獲得されたものであり（直接的なものとは本当は媒介されたものである，とヘーゲルは言っている），その「意味」を理解するとは，その言葉を適切に「使用する」能力のことなのである。

「赤い」という言葉ならば，それが適用できる事例をさまざまな場面で経験し，そこからその言葉の使い方を学ぶのだという解釈は妥当に思える。なぜなら，「赤い」ものは客観的な対象として観察できるし，自他の使用の間違いをそのつど訂正することができるからである（例えば「バナナは赤くない，黄色い」）。では，「腹が痛い」時の，その痛みはどうか。痛みは個人の身体内部にあるから，その痛みを指示するために「痛い」という言葉を正しく使っているか，自他の間でお互い確かめることはできないのではないか，こうした疑問が出されるかもしれない。だが，この場合も事情は前の場合と基本的には同じである。痛みが痒さやくすぐったさと違うことを知り，痛みが暴飲暴食やストレスといった一定の事情の結果として起こることを知り，さらに，嘔吐や下痢といった身体的な，外的に観察できる症状を伴っていることを知ることから，それが「痛い」ということが使用される事例であることを学び，その使用例に従ってそれを自分に適用したり，あるいは，他人が使用するのを見て，その意味を理解したりするのである。この例でも，言語の意味は，それが指示すると思われる一定の対象ではなく，その使用なのである。

　言語の意味とはその使用である。このコロンブスの卵のような，意外な，しかしあまりにも自明過ぎる基本的な事実への回帰は，言語の理解，その自他に共通な理解を裏付けるものとして最終的な解答になりえるだろうか。

　言語の意味がその使用であるとすれば，その使用を具体的な場面で学ぶことによって，私たちは言語の意味を理解するのだと言うことができるし，実際私たちは長い教育期間を経て言語を習得したのだと思われる。だが，言語の「意味」をその具体的な場面における「使用」として学ぶと一般的に考えられるとしても，その具体的な場面で「使用＝意味」がどう学ばれるかは別問題である。実際に言語の習得が成功しているという事実と，その事実が成立することにはどのような条件が必要なのかを解明する哲学的探究とは，別々の事柄である。言葉を学ぶ時に

は，最初のものの名前にしても固有名と一般名があるし，抽象的な概念もある。そして，ものを語るには，性質や関係や場所や時間や様相などの述語的内容の区別（カテゴリー）を知らなければならない。さらには，言語は個別的な語彙から成り立つのではなく，言語を使うためには文を構成する文法を知らなければならないし，同じ文を使って約束や決意，要求や疑問，皮肉や非難などの異なった意味を持たせる「言語行為 (speech act)」の技術にも習熟しなければならない。

　言語が使用されるのはいつも具体的な場面であるから，その個別的な使用の場面からどのような意味を理解し学び取るべきかは，予め決まっていない。言語の意味が使用であるとすれば，使用以前に，その使用の意味を限定する意味を前提することはできない。すると，意味は使用であるというウィトゲンシュタインの解答は最終的な解決ではなく，むしろ，使用において意味はどのように学ばれるかという新たな課題の発見だということになる。実際，ウィトゲンシュタインは，個別的な使用の場面から一義的な意味の理解が出てこないことを，有名な「規則に従う (following a rule)」をめぐる考察において指摘している。

翻訳（クワイン）

　言語が使用される具体的な場面からどのような意味が学ばれるか。この問題は既に母国語を習得してしまっている私たちにとっては，解決済みの問題で，そこに特別な困難はないように見える。では，全く未知の言語だった場合はどうか。このような状況を想定して言語理解の本質に迫ろうとしたのが，クワイン（W. v. O. Quine, 1908-2000）の「根元的翻訳（radical translation）」という思考実験である。

　未知の言語を話す現地人が「ガヴァガイ」という言葉を発したとする。それを言語学者が，全く何の通訳もない状態で，観察可能な刺激と行動を頼りに，それを何とか翻訳しようとした時に，その言葉を翻訳することはできるか，これがこの実験の基本条件である。全く何の交流もない未知の言語を最初から，最も根本的なところから翻訳することを試

みるのであるから，この翻訳は「根元的翻訳」と呼ばれる。果たして成功するだろうか。もちろん「ガヴァガイ」という発声だけでは，それを翻訳することはできない。それが発声された場面における状況証拠が参照されなければならない。1羽のウサギが目の前を走り抜けた時に「ガヴァガイ」という言葉が発せられたとする。それならば「ガヴァガイ」は「ウサギ」のことだと，単純に翻訳できるだろうか。期待に反して，事はそう簡単には行かない。それはウサギのことかもしれないが，ウサギの一部かもしれないし，ウサギのような小型動物一般のことかもしれないし，あるいは，白い動物一般のことかもしれない。さらには，朝方に見るウサギのこと（夕方に見るウサギと区別して）かもしれない。その言葉がどれを指しているのか，その場面の情報だけでは分からない。そこで，その言葉を自国語に対応させるための「分析仮説」を立て，それを手懸りに翻訳の正しさを確認しようとすると，今度は「同じ」とか「違う」とかの言葉を使わなければならなくなる。しかし，これらの論理的な言葉に対応する現地語は，それだけを別個に知ることはできない。そこで結局，ある言葉が発せられる状況にすべて合致しながら，その内容が互いに両立しないような翻訳が複数存在することになってしまう。つまり，翻訳は一義的に確定できないということである。これが有名なクワインの「翻訳の不確定性」のテーゼである。

解釈（デイヴィドソン）

　言語をその使用や翻訳の場面で考察すると，言語の意味が，普通そう考えられているのとは違って，また，かつて哲学者がそう考えていたのとも違って，それ自体として理解される自立性や一義性を持たず，反対に，多義性や不確定性を持っていることが分かってくる。だが，これでは，言語を使っての他者とのコミュニケーションは成り立たなくなるように思われる。なぜなら，共通の言語で同じように使用しているからといって，また，外国語を自国語に整合的に翻訳できるからといって，言語の意味が自他の間で同じであるという保証は全くないからである。

第 I 部　言語的視点

　この絶望的な結論に対してはしかし，意味の同一性は直接確かめられないにしても，使用や翻訳の現場で観察される共通の事実によって実証的に確かめられるのではないかという，期待に満ちた反論が出されるかもしれない。言葉の意味はそれを真にする条件によって確証されるはずである。例えば，「空は青い」（意味）は〈空は青い〉（事実）時にその通りに成り立つ（真理）のだから，意味の同一性は言語表現を真とする事実的な条件によって自他の間で確認されるはずである。これが，デイヴィドソン（D. Davidson, 1917-2003）の「真理条件的意味論」の考えである。だが，この期待は完全に満たされることはない。なぜなら，〈空は青い〉という事実は「空は青い」という言語を抜きにしては特定できないはずであるから，相手の違った言語においても自分が認識しているのと同じ意味が認識されているとは限らないからである。
　では，意味の同一性は永遠に保証されないのか，したがって，自他のコミュニケーションも言語間の蓋然的な一致に支えられているにすぎないと言うべきなのか。ここでデイヴィドソンは，通常の考え方を完全に否定して，常識と正反対の考え方を提示する。通常私たちは，意味の同一性があるから自他の間で言語理解が成り立ち，コミュニケーションが可能になるのだと考える。しかし，意味は言語から離れてそれ自体として存在するのではないし，かといってまた，特定の言語表現に結びついた形で保存されているのでもない。（もし前者なら，翻訳を無用にするような普遍的言語が作られるはずであるが，個別的な言語とその普遍的言語との翻訳が不可能になるだろうし，もし後者なら，個別的な言語の間の翻訳が不可能になるだろう。）むしろ反対に，意味はコミュニケーションの現場でそのつど解釈されていくものなのだ，デイヴィドソンはこう考える。コミュニケーションは，既定の意味に従った理解として遂行されるのではなく，いつでも未知の意味を解釈する作業，すなわち「根源的解釈（radical interpretation）」として遂行される。したがって，相手の使う言語の意味についての自分の理解を確かめる作業が，たとえ一致しないことがあったとしても，それは根本的な不一致を含意するの

ではなく，むしろ，不一致の場合をも含めて，言語と使用の間，使用と状況の間には，自他それぞれにおいて根本的な整合性や一貫性が成り立っていることはどうしても認められなければならない。それどころか，そうした合理性を前提してこそ言語理解やコミュニケーションが可能なのだということになる。相手も自分と同じような合理性に基づいて言語活動を行っているという，言語理解を可能にする大前提をデイヴィドソンは「寛容の原則（principle of charity）」と呼んでいる。他者とのコミュニケーションを行う時，他者の言語の意味を自分の解釈の中で確定し回収する可能性は奪われている。しかし，だからこそ，常に解釈を要求する他者の言語に向き合い，お互いに解釈を続けていく作業，すなわちコミュニケーションが成り立っているのだということになる。

3　行為の意味

行為（アンスコム）

他者とのコミュニケーションは，基本的には言語を通じて，その意味を理解し合うこととして行われる。その理解はしかし，どこまで行っても結局は，それぞれ自分の仕方での理解になる。意味の自立性を前提すれば，意味の理解は自他ともに共通な意味を理解することになろうが，言語の使用においても，それが使用される状況を観察しても，自立した意味の確認には至らない以上，相手の言語の意味は自分の理解する意味に翻訳されたもの，言い換えれば，相手の言語の意味とは自分の解釈した意味に他ならない。すると，言語を通じて，自他が同じ意味の理解を持つとは到底言えなくなる。言語の意味の理解は，単に成功するか失敗するかに留まるのではなく，理解の相違がそのまま相手に対する対応の相違を結果し，自分の理解の正しさをそれぞれが主張して対立する，場合によっては深刻な生命を賭けた争いにもなりうる。言語が単なる理解の仕方ではなく，実践的な行為や態度と密接に結び付いている以上，言語の理解は時に，それぞれの正しさを証ししようとする厳しくて果てしない争いにならざるを得ないのである。

第Ⅰ部　言語的視点

　言語は世界の認識に関わるばかりではなく，それを介して自己の行為に関わる。例えば，冷蔵庫に買い置きのビールがなかったので，ビールを買いにコンビニに出かける，というように。人間の行為が言語的な意味によって成り立つのだとすれば，行為の意味の理解をめぐって自他が関係し合うことは決して避けられない。例えば，私は老人の世話として足の爪を切ってあげたのに，他人はそれを虐待だと見なしたとか，私は真剣に一緒に遊んでいたのに，相手はそれをいじめとして受け取ったとか。このように私たちはお互いに，自分が何をしているのか，あるいは自分が何をしたかに関して，自分の理解する意味と他人の理解する意味の突き合わせを避けることができない。そして実際，私たちは他者と共同して共通の世界で生きる以上，お互いの行為の意味，ひいてはその解釈とそれに基づく評価をめぐって日々コミュニケーションを交わしているのである。

　自分が今何をしているのか，この自分の行為については，誰もがそれを自覚している。アンスコム（G. E. M. Anscombe, 1919-2001）の考察によれば，行為とは「観察に基づかないで知られるもの（knowledge without observation）」だからである。だが，自分が行為の意味を知っているというのは，それが「一定の記述の下で」（先の例で言えば，「老人の世話として足の爪を切ってあげる」）ということであるから，行為は別の観点から，別の仕方で記述できる（「老人を虐待した」）ということである。行為に関しては，本人がその意味を理解しているからと言って，それが最終的に正しいことになるわけではなく，行為は常に，他者による解釈と評価に開かれていて，その意味をめぐって質問と応答が繰り広げられる公共の場に移し置かれるのである。人間の行為が複数の意味を持ちうること，そして，自分の理解した意味（すなわち意図）と，他者が下す解釈と評価との間に鋭い葛藤が生じること，したがって，その葛藤が何らかの仕方で解決されるべきこと（そうでなければ，お互いが自分の理解と評価の正しさを主張し合う果てしない死闘に至る），これらの問題に関して深く鋭い考察を試みたのが 19 世紀の哲学者，ヘーゲル

(G. W. F. Hegel, 1770-1831) である。

行為と言語（ヘーゲル）

人間の行為をめぐる，行為者本人の自覚する意味と他者の下す解釈との間の葛藤を，ヘーゲルは主著『精神現象学』の「精神」の章で主題的に考察している。ヘーゲルはそこで，行為の当事者を「行為する良心」と呼び，それに対して他者の行為を解釈し評価する立場を「批評する良心」と呼び，これら二つのタイプの間の関係を通して行為の問題を，そして自他の共同性の問題を分析している。実際に行為する側の人間も，その行為を批評する側の人間もここで「良心（Gewissen）」と呼ばれるのは，行為において人間は，自己と世界，信念と意欲，自己と社会といった対立を乗り越え，自己の行為が社会的現実を成り立たせるものであることを確信しているとヘーゲルが見なしているからである。こうした確信がなければ社会的な行為はそもそも一切なされえないであろう。「良心」とは，自己を単に個別的なものとしてではなく，社会的な存在として知る人間の意識であり，そうした意識を以て行為の世界に参入する人間の在り方である。

「行為する良心」は自己の確信に基づき，自己の行為が普遍的な意味に繋がることを信じて，個別的で具体的な行為に歩み出す。個別的な自己の行為は普遍的な知識と直接的に結び付いている。（例えば，政党中心の政治を変革するために，独自の選挙運動をする場合。）しかし，他者からすれば，すなわち「批評する良心」からすれば，人間の行為は当事者の確信とは裏腹に，一旦なされた行為の結果は他者と共通な現実の中に存立することになり，当事者の確信や意図と切り離されて解釈され，評価されることになる。（今の例で言えば，政党政治に風穴を開けるとか言っているが，大衆の関心と支持を集めるための売名行為でしかないという見方。）

両者の内，前者が正しく後者が間違っているのだろうか。それとも，その反対なのだろうか。まず，「行為する良心」は，どんなに本人が意

第Ⅰ部　言語的視点

図の正しさを確信していようと，そこに不完全さがあることは否めない。現実について持っている自分の知識が不十分であるし，具体的な場面で選択する行為が最善であるかどうかも，自分がそうと確信するだけで，本当にそうであるかは知りえない。次に，「批評する良心」も，普遍的な見地に立って他者の個別的な行為を評価するから正しいかと言えば，そうではない。人間は行為しようとすれば，誰であっても個別的で具体的な何らかの特定の行為をする他ないのであるから，普遍的な見地にばかり立ち続けることはできない。他人のした行為の限界を厳しく評価することができるのは，普遍性と個別性を切り離して，自分を普遍性の側に置いているから，つまり，自分は何の行為も行わず，行為にまとわりつく障害や制限からおのれを遠ざけておく傍観者の立場に徹しているからに過ぎない。

　ヘーゲルはこのように，「行為する良心」にも「批評する良心」にも欠点と限界があることを指摘する。だが，前者があくまで自分の行為の意図の正しさを主張し，後者が自分の理解と評価の正しさを主張し続けたとしたら，どうだろうか。その場合は，両者の対立は決して解決されないだろう。この難問に対してヘーゲルは，両者ともそれぞれに悪と偽りがあることを認め合うことによって，この対立は乗り越えられ，両者の和解が達成されると答える。両者いずれにおいても，普遍性の陰に個別性を隠し持てば「悪」であり，それにもかかわらず，普遍性を口にすることで自らの正しさをあくまで強弁するなら，それは「偽り」である。行為の普遍性と個別性をただ結合させるだけでも，反対に，ただ分離させるだけでも一面的である。お互いが自分の一面性を認め，相手の理解をそれなりに正しいものと認め合うことによって行為をめぐる根本的な対立は克服され，行為をめぐって対立し合う人間は，両者の立場を総合する，私たちという共同性の立場に共に歩み入ることができる。ヘーゲルは，ここで発せられる「和解の言葉（das Wort der Versöhnung）」こそ「現に存在する精神（der daseiende Geist）」であり，それはまたそこに「現象する神（der erscheinende Gott）」だとも述べてい

る。ここでヘーゲルの言う和解とは，ある時点での現実的な自他の理解の一致を指しているというよりはむしろ，自他の立場の相互転換に基づく理解の原理的な可能性を指していると考えるべきであろう。なぜなら，私たちはそのような和解の可能性を信頼してこそ，他者とのコミュニケーションに参加できるのだからである。

おわりに

コミュニケーションは，言語の理解においても，また，行為の理解においても，一定の意味が確定される保証はない。したがって，自他の意味の理解が完全に一致する保証もない。その限りでコミュニケーションは，言わば，ルールがありながら，常にルールが変わっていく未完成なゲームのようなものである。では，これは不完全さを意味するのだろうか。いや，違う。むしろ，コミュニケーションとは，他者との関係を通して自己と世界を常に新しく見直していく，果てしのない冒険だということであろう。

参考文献
①ロック，大槻春彦訳『人間知性論』(全4冊) 岩波文庫，1972-1977年
②ヘーゲル，金子武蔵訳『精神現象学』(上下2巻) 岩波書店，1971・1979年
③ヘーゲル，樫山欽四郎訳『精神現象学』(上下2巻) 平凡社，1997年
④ウィトゲンシュタイン，藤本隆志訳『哲学探究』(全集8) 大修館書店，1976年
⑤アンスコム，菅豊彦訳『インテンション』産業図書，1984年
⑥オースティン，坂本百大訳『言語と行為』大修館書店，1978年
⑦クワイン，大出晁・宮館恵訳『ことばと対象』勁草書房，1984年
⑧デイヴィドソン，野本和幸他訳『真理と解釈』勁草書房，1991年
⑨飯田隆『ウィトゲンシュタイン――言語の限界』(現代思想の冒険者たち07) 講談社，1997年
⑩丹治信春『クワイン――ホーリズムの哲学』平凡社，2009年
⑪野矢茂樹『哲学・航海日誌Ⅰ・Ⅱ』中公文庫，2010年
⑫森本浩一『デイヴィドソン』(シリーズ・哲学のエッセンス) NHK出版，2004年

2 他者の発言にまつわる問題意識：哲学の観点から

吉原 雅子
(哲学)

はじめに

　ピエールはフランスに住んでおり，フランス語以外話せない男だ。彼自身はフランスから出たことがない。だがロンドンについてはもちろん聞いたことはある（もちろん，彼はその都市を'Londres'と呼ぶ）。彼は，ロンドンについて聞いた様々なことから，そこは綺麗な都市なのだと考える。彼はフランス語で"Londres est jolie"と発言する。
　彼がこのように誠実に発言するということから，私たちはこう結論するかもしれない。ピエールは，ロンドンは綺麗だと信じている，と。
　ここで，ピエールはフランス語のノーマルな話し手としての基準を全て満たしている。つまり，"est jolie"は美しさを帰属させるために，"Londres"もロンドンの名前として，正しく使っていると判断するために我々が用いる基準は，全て満たしている。
　さて，このピエール，後にイギリスに移り住むことになる。しかもロンドンである。ただし，ロンドンの中のあまり美しくない地域で，住人は無教養な人ばかりである。彼はめったにこの地域から出ることはない。彼の近所の人間は誰もフランス語を知らないので，彼は英語を「直接的な方法で」，つまり英語からフランス語の翻訳を全く使わないで，学んでいく。彼は人々と話し，交流することを通して，英語を習得しはじめる。近所の人が話すことの中で，特に皆が話すのは，自分たちの住んでいる都市'London'についてで

第Ⅰ部　言語的視点

ある。彼らはあまりに無教養で，ピエールがフランスに住んでいるときに聞いたロンドンについての事実をほとんど知らない。ピエールは彼らから，彼らがロンドンについて知っていることを全て学ぶけれど，そこにはフランスにいたときに聞いたことと重なるものがほとんどない。もちろん彼は，自分の住んでいるその都市を英語で'London'と呼ぶことも学ぶ。彼の住んでいる所はあまり美しくないから，彼は英語の"London is not pretty"には同意するけれど，"London is pretty"には同意しない。

彼はフランス語の文"Londres est jolie"については，同意を差し控えたりはしない。彼は単に，今自分がいる汚い都市は，フランスにいたときに聞いた魅力的な都市とは，別の都市だと思っているのだ。［文献②より，一部改変］

さて，上のような状況を提示されて，あなたは何を思うだろうか？上の話を聞いて，あなたの興味を引いた点はどこか，その点に関して自由に考察せよ，と言われたら何を語るか？

こんなに情報が氾濫している現代で，二つの都市が別物だと信じ続けるなんて，現実にはありえないんじゃないか？と考える人がいるかもしれない。あるいは，大人になってから翻訳の仕方ではなく「直接に」言語を学ぶなんてできるのだろうか？と疑問を抱く人もいるかもしれない。人が何に賛同するかは環境に左右されるのだなあと考える人も，一体人の認識にはどんな環境がどう影響するのだろうかと考える人も，フランス語で何かを考えるのと英語で考えるのは違うではないかと考える人も，じゃあある言語でものを考えるってどういうことだろうか？と考える人も，結局は直接の経験が重要なのだ，と考える人もいるかもしれない。

これらの視点のどれも，全くではないにしても，哲学の視点ではない。実際，ピエールの状況を見て，そこから何か「哲学的な」匂いを感じ取る人は少ないと思われる。哲学を学んだことのない人が「哲学の問

題」としてイメージするものは，人生だとか，時間だとか，存在だとかの，もっと抽象的な対象を解明する作業であるかもしれない。

　このイメージは，半分は的を射ており，半分は外している。というのは，哲学的な研究の特徴の一つは，観察とか実験といった経験的実証にかかわらないという点にあるからである。たとえば，時間や存在といったものを解明しようとしたら，一体何を行うか？　私たちに観察できるものは，時間の中で起こる出来事にすぎず，時間そのものではない。私たちは存在している「モノ」を観察できるが，物質以外の存在を含む，存在というものそのものを観察することはできない。それでも存在や時間は哲学の考察の対象である。つまり，哲学は，観察に基づかない方法で，存在や時間の概念そのものを考察するのである。

　一方で，ピエールの状況に関して上に挙げられた疑問の数々は，多かれ少なかれ，「事実にあたる」のでなければ答えが見つからないような疑問である。必要なのは，実験や観察，そしてそのデータを分析し，理論を形成し，検証する，といった手続きである。このような手続きは，抽象的な対象を分析する方法としては適当でない。

　ところが反面，ピエールのような例をひきあいに出すというのは，哲学の常套手段でもある。実験や観察といった実証的な手続きを経て，ピエールの例がどんなに非現実的であるかを，あなたは証明するかもしれない。実際，ピエールの例は完全に想像上のものでしかない。哲学者が言語について考察しようというとき，用いられるのは，こうした具体的にして非現実的な想定であることが多いのである。哲学者が想像上の状況を例に説明するとき，哲学者以外の人が「そんなありえないことをもとに議論しても意味がない」と顔をしかめることもよくあることだ。哲学者の話には宇宙人がよく出てくるから，ピエールのような状況はむしろ甘いものである。なぜそんな例を出すのか。事実がどうなっているかを検証することには哲学者は興味がない。彼らが興味を持っているのは，時間，空間，存在，心，自由，といった彼らの考察対象について成り立つ諸命題の間の，論理的な関係なのだ。つまり，時間について，あ

るいは心について,「どんな命題から」「どんな命題が」論理的に導けるか考える,ということが,彼ら流の時間や心の考察方法なのである。そうした考察のための有効な手段が,思考実験なのである。

　ピエールの例は,クリプキという有名な哲学者が挙げたものだ。しかも彼は,ピエールの例から考察をはじめて理論を展開しようとしたのではない。言語哲学上の諸理論について何ページにもわたって考察した後,論文の最後に（！）この話を提示したのである。彼の狙いは何だったのか。それはまさに,この話を信念に関するパズルとして提出することに他ならなかった。彼はパズルの解答を示してはいない。これはパズルである,それが彼の主張である。

1　なぜパズルなのか

　ちょっと考えると,ピエールのようなケースを想定しても,そこには何もパズルはないと思われるかもしれない。なぜなら,第一に,既に述べたように,様々な実証の結果,実際にはこのようなケースはまずありえないと結論づけられるかもしれないからである。しかし哲学者にとっては,そこは問題ではない。確かに,我々の生きている現代社会の情報のあり方や,通常の知識のあり方からいったら,ピエールのような状況に陥ることは確率的にはかなり低いのかもしれない。しかし,「原理的に」このようなケースが「不可能」であるわけではない。たとえば,「あなたの母親が恵美子で,恵美子の母が豊子で,豊子の母があなただとしたら…」と言われたら,あなたには「そんな状況はありえない」と反応する権利が（おそらく）ある。それは論理的にありえない状況である。しかしピエールのような状況については,「仮にこうした状況にあったら…」と説明されたとき,あなたはとりあえずその状況を理解できるだろう。哲学者にとってはまさにそこがポイントなのである。

　哲学者が問題視するのは,状況そのものの起こりやすさではなくて,そうした状況が論理的に含むものが何か,なのである。我々は,ピエールがフランスにいたときに見せていた諸々の振る舞いから,

（結論1）ピエールはロンドンは綺麗だと信じている

と帰結した。実際にはピエールのような振る舞いを見せる人はいそうにないにせよ，仮にいたとしたら，そこから結論1が導かれる，ということは正しいように思われる。それでは，ロンドンにいるときの振る舞いからは，ピエールの信念について何を帰結するだろうか？　同様に，

　（結論2）ピエールはロンドンは綺麗でないと信じている

と帰結しなければならないのではないか？　というのも，フランスにいるピエールを見て，彼が何を信じているかを判断するのに我々が使った手がかりは，基本的に

　（前提1）ピエールはフランス語で"Londres est jolie"と発言する
　（前提2）フランス語の"Londres est jolie"は，ロンドンは綺麗だという意味の文である

の二つである。一方ロンドンにいるピエールの振る舞いには

　（前提3）ピエールは英語で"London is not pretty"と発言する
　（前提4）英語の"London is not pretty"は，ロンドンは綺麗でないという意味の文である

の二つが成り立っている。前提1と前提2から結論1を帰結してよいならば，前提3と前提4から結論2を帰結することもまた許されるべきであるように思われる。

　しかし，ロンドンは綺麗だと信じ，同時にロンドンは綺麗でないと信じるということは，どこか奇妙ではないか？（つまり，パズルである！）

　しかしながら，やはりパズルなどないのだと考える人がいるかもしれない。パズルではないという第二の理由は，ピエールのようなことが起

こりうるということそのものが、まさに何も矛盾のないことの証明のように思われるということである。ピエールの経験していること、考えていることを、ピエール視点で考えてみよう。ある都市の噂を聞き、写真を見て、'Londres' という都市だと思い、綺麗な所だと思う。ある都市で生活し、直接その都市を見て、'London' という都市だと思い、汚い所だと思う。そして両者を二つの異なる都市だと思う。ここには何の矛盾した考えもない。

確かに彼は、"Londres est jolie" と "London is not pretty" の両方を発言するし、これは「ロンドンは綺麗だ」と「ロンドンは綺麗ではない」という反対のことを意味する文である。しかし、彼自身はそう思っていない。彼は「Londres」と「London」は異なる都市を指すと思っているのだから、"Londres est jolie" と "London is not pretty" は完全に両立することを表していると思っている。こうしたことをわかっていれば、ピエールの振る舞いは完全に合理的であり、この状況は何も不思議ではないのではないか。

だが哲学者はこうした説明にも満足はしない。不思議なのは、この状況そのものではないのである。この状況で起こっていることを、我々が「どのように表現できるか」が問題なのである。

2　真なる命題を導く諸規則

ピエールの信念を、我々はどう表現できるだろうか。

今、何の状況説明もなしに、「吉原は上山が女だと信じており、かつ女でないと信じている」といきなり言われたら、どう思うだろうか？吉原はいったい何を考えているんだ？と不可解に思いはしないか。ある人間が女でありかつ女でないということはありえないから、同時に成り立たない二つのことが成り立っていると吉原は信じていることになる。ならば吉原は最低限の論理性を欠いた人間ではないか。

「吉原は上山が女だと信じており、かつ女でないと信じている」という文の表すことをこのように解釈するのは正しいように思われる。少な

くとも，矛盾を信じている不合理な人間がいたら，その信念をこうした文で表すのは妥当だろう。だがこの文は，形の上では結論1と結論2をまとめて表した文

　「ピエールはロンドンが綺麗だと信じており，かつロンドンが綺麗でないと信じている」

と同じなのである。ピエールは（前提として）合理的な人間なのに，不合理な信念を表現する文が出てしまっていることになる。これはどこかおかしい。

　では，どこに間違いがあったのだろうか？　結果的にこの導出に必要な規則は，

　（前提5）ノーマルな話し手Sが，発言「P」に誠実に同意するなら，「SはPと信じている」は真である
　（※「S」には任意の人の名前が，「P」には文が入るものとする）
　（前提6）ある文が表すことが真ならば，その文の翻訳が表すこともまた真である

の二つだけである。

　今，前提5は日本語で述べられているが，（前提6が正しい以上は）前提5のフランス語訳も英語訳も，もちろん真なる命題として前提してよい。

　さて，ピエールをとりまく状況は特殊であるかもしれないが，彼がいつ何を見て，どこで何を体験して，どういった経緯で"Londres est jolie"や"London is not pretty"と発言するに至ったかは，実際のところ，どうでもいい。ただ，ピエールがフランス語と英語の（それらの言語を正しく使えるという意味で）「ノーマルな話し手」であり，"Londres est jolie"や"London is not pretty"に「誠実に」同意するという条件を満たしていれば，それで十分である。その条件を満たしてさえいれば，前提1，2と前提5，6を組み合わせて結論1を，前提3，4と

前提5，6を組み合わせて結論2を導くことができる。こまごまとした状況設定は，ピエールを誠実でノーマルな話し手とするためになされているだけなのである。前提1と前提5（のフランス語バージョン）とかからは，「ピエールはロンドンは綺麗だと信じている」のフランス語バージョンの文が，真なる文として導出される。そのフランス語の文が真ならば，前提6より，その日本語訳の文「ピエールはロンドンが綺麗だと信じている」もまた真だということが導出される。すなわち，ピエールはロンドンが綺麗だと信じている（結論1）ことになる。"London is not pretty"への同意から結論2への導出も同様である。

　注意しなければならないのは，ピエール自身がフランス語の"Londres"や英語の"London"という語にどのような意味あいを与えて使っているかということは，ここでは問題にならないということである。というのは，結論1「ピエールはロンドンは綺麗だと信じている」を述べているのは私であり，ここで「ロンドン」という語句を使っているのは私だからである。ピエールは"Londres"という名を用いるとき，"Londres"と呼ばれている都市で，美しくて…といったさまざまなイメージを持っており，そうした都市を指すために"Londres"という語句を使っているかもしれない。一方で，"London"という名を用いるときには，"London"と呼ばれている都市で，汚くて…といったイメージを持っており，そうした都市を指すために"London"という語句を使っているかもしれない。だがそれらのことは，私が"Londres"や"London"といった語を用いてピエールの信念を表現することには，無関係である。彼がどんなイメージを持っていようが，どんな都市のことを指そうとしてその言葉を使っていようが，前提5を適用できる程度に「ノーマルな」フランス語の話し手であれば，結論1「ピエールはロンドンは綺麗だと信じている」が真であるのに十分であるし，同様に「ノーマルな」英語の話し手であれば，結論2「ピエールはロンドンは綺麗でないと信じている」が真であるのに十分である。ピエールが"Londres"と"London"に異なるイメージを結びつけていようがいまいが，

（結論3）ピエールはロンドンは綺麗だと信じており，かつロンドンは綺麗でないと信じている

は出てきてしまうのである。

3　規則の自明性を疑う

　仮に前提5か前提6が間違いであるということならば，結論3が出てくることはないから，問題は解決する。だが，前提5と前提6は，我々が日常的に用いている，ごく「常識的な」規則である。これらの規則を用いてはいけないとなると，我々が他人が何を信じているかについて語れる場面は，驚くほど少なくなってしまう。事実，我々は普段，人の行為を隅から隅まで見ているわけではないので，相手が言葉を普通に使えて，嘘をつくような理由もなさそうなときには，その人の言うことを「本気で言っていること」（つまりその人の信念の表明）として，信じるのである。吉原が「今日は上山先生の誕生日だ」と大真面目に言えば，「吉原は今日が上山先生の誕生日だと信じている」のだと認めなければならないし，もし認めない人がいるならば，その人は吉原の人間性を（嘘をつくような人だとして）疑っているか，吉原の日本語能力を疑っているか，あるいはその人自身がもはや「信じている」という言葉の使い方を理解していないか，のいずれかである。

　人によっては，ピエールの場合には "Londres est jolie" とか "London is not pretty" と発言したからといって信用してはいけないのだ，と言うかもしれない。というのも，確かに彼は嘘をついてはいないかもしれないし，フランス語も英語も使いこなしているかもしれないが，ロンドンについての彼の信念は，特殊なのだから。彼はフランスにいるときには，明らかに，ロンドンのほんの一側面しか知らない。

　しかし，"Londres" という語が指す都市——すなわちロンドン——について，部分的にしか知らないからといって，彼がロンドンについての信念を持っていないことにはならない。考えてみれば，我々が何か固

有名を用いて語るとき，その固有名が指している対象について完璧な知識を持っているということはごく稀なのである。私は上山先生とは，大学で顔をあわせる他は，たまに食事をしたり議論をしたりするだけで，毎日四六時中一緒にいるわけではないから，当然上山先生について知らないこともあるわけだ。しかしだからといって，「吉原は上山先生が…だと信じている」という文が全て成り立たないというのは馬鹿げているだろう。

また，前提6が誤りだと言うこともできない。"Pierre believes that London is not pretty" が真であれば「ピエールはロンドンが綺麗ではないと信じている」は真だし，前者が偽なら後者も偽である。そうでないとすれば，正しい翻訳になっていないのである。「訳は正しいけれど真偽は別になる」ということはありえない。真偽が等しくなることは，正しい翻訳であるための必要条件であるように思われる。

ここまでの要点をまとめてみよう。次のことは全て正しいように思われる。

- ピエールは十分に合理的な人間である
- 合理的な人間は矛盾を信じたりはしない
- （前提5）ノーマルな話し手Sが，発言「P」に誠実に同意するなら，「SはPと信じている」は真である
- （前提6）ある文が表すことが真ならば，その文の翻訳が表すこともまた真である
- （前提5と6からの帰結として）ピエールはロンドンが綺麗だということとロンドンが綺麗でないということを信じている
- ロンドンが綺麗だということとロンドンが綺麗でないということの両方を信じていれば，矛盾を信じていることになる

しかしながら，これらのことが全て同時に正しいということは不可能である。だからこそこれはパズルなのである。これが哲学者の一つの主張

である。与えられた情報から，どんな規則に基づいてどんな命題が導かれるかを吟味することは，哲学者の仕事の一つである。私たちに与えられたピエールに関する状況は，なかなかありそうにないにしても，理解可能なものであり，矛盾を含んではいなかった。だがそこから推論できる事には矛盾が含まれてしまった。さて，このパズルを解消するためには，矛盾した結論を引き出した諸規則の，少なくとも一つについて，誤っていることを論証しなければならない。これもまた哲学者が取り組む作業の一つである。

4　何を問題にしているのか？

　ここまでで行ってきたことは，総じて，ピエールを主語にするどのような信念報告文が真であるか，その決定方法を吟味することであった。これは，信念とは何か？とか，信念を帰属させるとはどうすることか，信念を伝達するとはどういうことか，といった問いへの，数あるアプローチのうちの一つである。

　信念とは何かを解明するのに，たとえば，我々の脳の構造や機能を調べるという方法もある。あるいは環境が人の信念に与える影響を調べる方法もある。言語的な環境が与える影響を調べるのもその一つである。あるいは信念を報告する文の文法的構造を調べるという手もある。これらのどれも，研究分野として成り立つ。しかしここまでで行ってきたことはこれらのうちのどれでもない。我々が行ってきたことは，与えられた状況について，「我々は」どのように表現するか，それらを「どのような規則によって我々は導いているか」を反省すること，そして導出される命題が互いに矛盾しないかをチェックすることであった。ここには，ある意味では，新しい知識は一つもない。ピエールの例は単なる想定であって，事実として提出されたわけではない。だから，ピエールの話を元に新たな知見を得たとしても，それは新たなデータによって検証された何かではない。言い換えれば，ピエールの例を想定することを通して，我々が既に持っている概念，既に行っている表現どうしの整合性

のチェックをしただけなのである。そこから知った（ように思われる）ことは、（パズルが起こっている以上）我々が頭の中で行っていることのどこかに混乱が含まれているということである。これからしなければならないのは、その混乱がどこにあったのかを反省することである。それは、前提5かもしれないし、前提6かもしれないし、あるいは結論3が矛盾した信念を表しているという考えかもしれない。いずれにしても、そのような仕方で、我々が「信念」とか「○○は～と信じている」と言うことで理解しているのはどのようなことかを明らかにしようとしているのである。

　信念を報告する文について考える分野は他にもあるが、哲学者が考えるのはもっぱら、文の真理性にかかわる部分である。起こってはならないことは、同時に真とはなりえない二つの命題が真となるような推論をしてしまうことである。

　実のところ、ピエールの状況一つとっても、哲学的な考察の対象となる部分は、信念以外にもたくさんある。たとえば、翻訳を使わない他言語の解釈とは何か。発言の意味とは何か、文の意味とは何か、などである。それでも、それらについて語る文の真偽がいったいどのようにして決まるか、という観点から考察されるのは共通している。

おわりに

　最後に、クリプキ自身がピエールのような例をパズルとして提出した背景をざっと説明しよう。

　クリプキのもともとの興味は、信念や信念報告よりも、むしろ固有名の意味や機能にあった。

　ピエールのケースでは一つの都市が"Londres"とも"London"とも呼ばれるということが重要な要素なのだが、一つの対象が複数の名前で呼ばれるということは、一つの言語内でもありうることである。たとえば、漱石が金之助と呼ばれたり、金星がヘスペラスと呼ばれたりフォスフォラスと呼ばれたりする。これら二つの名前が同一のものの名前であ

ることを知らない人は，二つの名前を使うとき，それぞれ異なる性質を結びつけて考えているかもしれない。「漱石」は「『坊ちゃん』の著者」を意味するために用いているけれど「金之助」はそうではない，など。

こうしたことは，一見すると，二つの名前が異なる意味を持っていることの表れであるように思われるかもしれない。だが，文の真理性にかかわるような意味での「意味」に関してはそうではない，とクリプキは考えた。というのは，「『坊ちゃん』の著者」であることが「漱石」という語の意味の一部に含まれるのであれば，「漱石は『坊ちゃん』の著者である」という命題は，必然的に真でなければならない。言い換えれば，「漱石が『坊ちゃん』の著者であることは必然的である」は真でなければならない。(「必然的」とは，「そうでないことはありえなかった」というような意味である。)ところが，漱石が『坊ちゃん』を書かなかったということは大いにありうることである。すなわち，「漱石が『坊ちゃんの著者であることは必然的である」は偽なのである。したがって，「『坊ちゃん』の著者」であることは「漱石」の意味の一部には含まれない，とクリプキは言う。

「漱石」という語は単に漱石その人を指すだけであり，それ以上の意味はないというのである。「金之助」も同様である。だから，「漱石が金之助である」は必然的な真理であって，必然性を述べる文の真偽という観点から言えば，「漱石が金之助であることは必然的である」は，(「漱石が『坊ちゃん』の著者であるのは必然的である」と異なり，)真である。

こうした議論はクリプキの有名な議論なのだが，これに対する反例と見える文が，信念報告文なのである。というのも，「～は必然的である」という文と違って，「〇〇は～と信じている」という文は，「～」の中に含まれる「漱石」を仮に「金之助」と入れ替えたら，真偽が変わってしまうことがあるように思われるのである。「吉原は夏目漱石が『坊ちゃん』を書いたと信じていた」が真で，「吉原は夏目金之助が『坊ちゃん』を書いたと信じていた」は偽だということはありうるのではないか。と

なると，やはり「漱石」とか「金之助」といった固有名は，単に対象を指示する以上の意味を持っているのではないかと思われてくる。

これに対してクリプキは，似たような現象が，固有名の入れ替えを行わなくても起こることを，示したかったのである。ピエールの例では，固有名の入れ替えは行われていない。そこで行われているのは，前提5と前提6に基づく操作，すなわちある文「P」への同意から「Pを信じている」を導くことと，翻訳だけなのである。したがって，問題があるとすれば，それは固有名の意味に関するクリプキ流の解釈にあるのではない。問題は，信念とは何か，信念帰属とは何か，主張の内容とは何か，主張の表現する命題とはどのようなものか，といったことについての，我々の理解が曖昧で十分なものでないということにある。これが，ピエールの例を提示することによって，クリプキが指摘したかったことなのである。

引用文献・参考文献
①J. L. オースティン，坂本百大訳『言語と行為』大修館書店，1978年
②Kripke, S., "A Puzzle about Belief", A. Margalit (ed.), *Meaning and Use* (Dordrecht: D. Reidel Publishing Company, 1979).
③坂本百大編『現代哲学基本論文集Ⅰ』勁草書房，1986年
④丹治信春『言語と認識のダイナミズム　ウィトゲンシュタインからクワインへ』勁草書房，1996年
⑤土屋賢二『あたらしい哲学入門――なぜ人間は八本足か？』文藝春秋，2011年
⑥土屋賢二『ツチヤ教授の哲学講義――哲学で何がわかるか？』文春文庫，2011年
⑦J. ホスパーズ，斎藤哲郎監修，西勝忠男・中本昌年訳『分析哲学入門　1：意味論』法政大学出版局，1971年

3 他者の発言にまつわる問題意識：言語学の観点から

上山あゆみ
（言語学）

はじめに

古来，哲学者が取り上げてきた問題の中には，言語に関わるものがかなりあるが，それらを言語学の観点から見た場合，その問題提起の仕方そのものに微妙な違和感を感じることが時々ある。哲学と言語学とでは，その問題意識が異なるために，同じ事象に着目したとしても，何を問題視するかという点が異なってくるのであろう。例えば，本書の第2章では，ある（架空の）状況が描写され，そこから哲学においてどのような問題提起がされたかが述べられた。この章では，学際的な試みの1つとして，同じ状況にふれた場合，言語学においてどのような問題が触発されうるかを示してみる。もちろん，これは単なる一例であるから，言語学で必ずこのように議論が展開されるということではない。あえて同じ材料から出発することによって，哲学と言語学の共通点と相違点を各自が考えるきっかけにすることが目的である。

1 「問題」を引き起こした状況の提示

第2章で，どのような状況が問題の発端になっていたか，多少省略しつつ再掲すると，(1)のようになる。

(1) 問題となる状況
　ピエールはフランスに住んでおり，フランス語以外話せない男だ。彼自身はフランスから出たことがない。だがロンドンについてはもちろん聞いたことはある（もちろん，彼はその都市を 'Lon-

dres' と呼ぶ)。彼は，ロンドンについて聞いた様々なことから，そこは綺麗な都市なのだと考える。彼はフランス語で"Londres est jolie"と発言する。

　さて，このピエール，後にイギリスに移り住むことになる。しかもロンドンである。ただし，ロンドンの中のあまり美しくない地域で，住人は無教養な人ばかりである。彼はめったにこの地域から出ることはない。彼の近所の人間は誰もフランス語を知らないので，彼は英語を「直接的な方法で」，つまり英語からフランス語の翻訳を全く使わないで，学んでいく。彼は人々と話し，交流することを通して，英語を習得しはじめる。近所の人が話すことの中で，特に皆が話すのは，自分たちの住んでいる都市'London'についてである。彼らはあまりに無教養で，ピエールがフランスに住んでいるときに聞いたロンドンについての事実をほとんど知らない。ピエールは彼らから，彼らがロンドンについて知っていることを全て学ぶけれど，そこにはフランスにいたときに聞いたことと重なるものがほとんどない。もちろん彼は，自分の住んでいるその都市を英語で'London'と呼ぶことも学ぶ。彼の住んでいる所はあまり美しくないから，彼は英語の"London is not pretty"には同意するけれど，"London is pretty"には同意しない。

　彼はフランス語の文"Londres est jolie"については，同意を差し控えたりはしない。彼は単に，今自分がいる汚い都市は，フランスにいたときに聞いた魅力的な都市とは，別の都市だと思っているのだ。[文献⑤より，一部改変]

(1)の前半からは(2)が，後半からは(3)が導かれうるが，(2)と(3)を見ると，正反対の矛盾する信念のように見える。

　(2) ピエールはロンドンは綺麗だと信じている。
　(3) ピエールはロンドンは綺麗でないと信じている。

しかし，(1) によれば，(2) と (3) はどちらも「ピエールの信念」として一人の頭の中に共存しているものである。これはそもそも問題とみなすべきなのか，そして，問題であるとするならば，何に対する問題とみなすべきなのか，と哲学者は思考を進めていく。

2　直接話法と間接話法

さて，(1) から (2) や (3) を導いてよいかどうかとは，結局，(4) のような発言があったことと (2) を結びつけてよいかどうか，(5) のような発言があることと (3) を結びつけてよいかどうか，ということである。

(4) Londres est jolie.
(5) London is not pretty.

(4) と (5) のままであるならば，フランス語と英語という言語の違いもあって，この2つが矛盾するかどうかは必ずしも自明ではないだろう。これを同じ言語の (2)，(3) という形にしたことで，パラドックス的な様相を呈するわけであるが，(4) と (2)，(5) と (3) の対応を提示されると，想起されるのは，直接話法と間接話法の対応である。このようにして，言語学的興味としては，(2) と (3) に対応しうる「直接話法」の文には，どのような幅がありうるのか，そもそも「間接話法」とはどういう構文なのかという問題が浮かび上がってくる。

3　引用の接続助詞ト

まず，英語では，直接話法の場合，that があらわれないが，日本語では接続助詞トがあらわれる。そのため，次の文は，(特に耳で聞いただけの場合) 直接話法とも間接話法とも解釈することができる。

(6) 太郎は俺は大馬鹿だと言った。　　　　　　　［文献④(1.1)］

(6) が直接話法の場合，太郎は太郎自身が大馬鹿者だと述べたことにな

35

るのに対して，(6) が間接話法の場合は，太郎は，(6) を言った人のことを大馬鹿者だと述べたことになるので，意味が大きく違ってしまう。

また，日本語の接続助詞トは，(7) のように英語の that にそのまま相当する場合もある一方，(8) のように，saying that とか thinking that のような補い方をしないと英語にならない場合にも使うことができる。

(7) a. ジョンは，今日はテストだと言っていた。
b. 君は，これが正しいと信じていますか。
(8) a. 負けるもんかと歯をくいしばってがんばった。
b. 何が入っているのかと箱をおそるおそる開けてみた。
c. 今さら失敗するはずはないと油断していた。

(7) の場合には，トをトイウコトヲで置き換えても文が成り立つ。

(9) a. ジョンは，今日はテストだということを言っていた。
b. 君は，これが正しいということを信じていますか。

これに対して，(8) のトはトイウコトヲに置き換えることができない。(言語学では，しばしば，文頭の「*」は，その文が容認できないことを示す。)

(10) a. *負けるもんかということを歯をくいしばってがんばった。
b. *何が入っているのかということを箱をおそるおそる開けてみた。
c. 今さら失敗するはずはないということを油断していた。

さて，(7), (8), (9) は，どれも「間接話法」の文であると言っていいのだろうか。また，(7) と (8) は，トを用いているという点で同じ構文とみなすべきなのだろうか，それとも，(8) を (10) に言い換えられないということは，(7) と (8) が同じ構文ではないと考えるべきなのだろうか。これらはどれも十分に言語学における問題たりえるものである。

さらに，日本語には「直接話法」「間接話法」という二分法では割り切れない場合があるということをKuno［文献④］が指摘している。その論文では，あらためて言われないと気がつきにくい興味深い観察がいろいろ述べられているので，以下でその内容を紹介しておこう。

4　混合話法（blended discourse）

英語では，そのセリフに対応する部分が疑問文や命令文の形をしていれば，間違いなく直接話法である。しかし，日本語の場合には，次のような構文があることをKuno［文献④］は指摘した。

　　(11) 太郎がやつのうちにすぐ来いと電話をかけてきた。
　　　　　　　　　　　　　　　　　　　　　　　　　　　　［文献④(1.3)］

この(11)では，「すぐ来い」の部分が命令形になっている点では直接話法的であるが，「太郎のうち」を指すのに「やつのうち」という表現が使われている点では間接話法的である。つまり，この文には直接話法的な要素と間接話法的な要素が混在できるとして，Kuno［文献④］は，このような構文を混合話法（blended discourse）と呼んだ。

混合話法と間接話法の違い

たとえば，日本語の「やる／くれる」のような表現には，次のような制限があることが知られている。

　　(12) a. 僕が花子にお金をやった。
　　　　 b. *花子が僕にお金をやった。　　　　［文献④(3.7)］
　　(13) a. *僕が花子にお金をくれた。
　　　　 b. 花子が僕にお金をくれた。　　　　［文献④(3.8)］

ところが，これがその発言を報告する形になると，(12b)，(13a)で見られた制限が姿を見せなくなるのである。

(14) a. 花子は［僕が彼女にお金をやった］と言っている。

［文献④(3.12a)］

　　 b. 花子は［僕にお金をやった］と言いふらしている。

［文献④(3.13a)］

(15) a. 花子は［僕が彼女にお金をくれた］と言っている。

［文献④(3.13b)］

　　 b. 花子は［僕にお金をくれた］と言っている。

［文献④(3.12b)］

(14a)，(15b) では，カッコ内がすべて間接話法的であるのに対して，(14b)，(15a) では，「やった／くれた」の部分だけ直接話法的になっていると考えると，(12)，(13) との違いも納得できる。同様に，(16) の文には，(17a) の場合と (17b) の場合とがありうるが，(17a) の場合は，(16) のカッコ内がすべて直接話法的になっているのに対して，(17b) の場合は，「俺の恋人に」の部分が間接話法的，「貸してやらなかった」の部分が直接話法的になっていることから出てくる解釈である。

(16) 太郎は，［俺の恋人にお金を貸してやらなかった］と言っている。　　　　　　　　　　　　　　　　　　　　［文献④(3.14)］

(17) a. 太郎が太郎の恋人にお金を貸してやらなかった。

　　 b. 太郎が (16) を言った人の恋人にお金を貸してやらなかった。

このようなことは，混合話法の存在を認めなければ説明できないことである。

　ちなみに，このような混合話法が見られるのは，ト節の場合のみであり，カ節やコト節の場合には観察されない。

(18) a. 花子は僕にいくら貸してくれたか覚えていない。

　　 b. *花子は僕にいくら貸してやったか覚えていない。

［文献④(3.17)］

(19) a. 花子は僕にお金を貸してくれたことを覚えていない。
　　 b. *花子は僕にお金を貸してやったことを覚えていない。
　　　　　　　　　　　　　　　　　　　　　　［文献④(3.18)］

　ここで興味深いのが，(16) が (20) のような解釈を持つことはないということである。

(20) (16)を言った人が太郎の恋人にお金を貸してやらなかった。

　もし，「俺の恋人に」の部分が直接話法的，「貸してやらなかった」の部分が間接話法的になれば，(20) のような解釈が出てきてもいいはずであるが，それが不可能であるということは，混合話法に (21) のような制限がかかっているということだと Kuno［文献④］は述べている。

(21) Clause-final Condition:
　　　Direct-discourse elements in blended discourse must appear in clause-final position. ［文献④(3.3) 参照］

つまり，節の一部だけが直接話法的になることそのものは可能であるが，その「一部」は，必ず，節の最後の部分を含んでいなければならないということである。なぜ，このような制限があるのかは不明であるが，興味深い観察である。

混合話法と直接話法の違い
　さらに，混合話法に直接話法的な部分が含まれているとは言っても，実は，それは，言ったままの表現ではない。次の例を見れば明らかであろう。命令形を使っているという点では直接話法的ではあるが，そのままセリフを引用したとは限らないのである。

(22) a. 花子は［彼女の家にすぐ来い］と電話をかけてきた。
　　　　　　　　　　　　　　　　　　　　　　　［文献④(4.1)］
　　 b. 娘が［すぐ来てくれ］と電話をかけてきた。［文献④(4.4)］

特に (22a) では「彼女の家に」という表現があることから，これが混合話法の例であることが分かる。

これに対して，動詞の部分が本当に言ったままの表現を引用している場合もあるが，その場合には，引用部分全体が直接話法となり，部分的に間接話法的要素が混じった混合話法にすることができない。

(23) a. 花子が，わたくしの家には，すみませんが，もう来ないでください，と言った。　　　　　　　　　　　［文献④(4.5)］
　　 b. *花子が，彼女の家には，すみませんが，もう来ないでください，と言った。　　　　　　　　　　　［文献④(4.6)］
(24) a. *花子が彼女の家にはもう来ないでくださいませんかと言った。
　　 b. *花子が彼女の家にはもう来てほしくありませんと言った。
　　　　　　　　　　　　　　　　　　　　　　　　　［文献④(4.9)］
(25) a. 花子が彼女の家にはもう来てくれるなと言った。
　　 b. *花子が彼女の家にはもう来てほしくないと言った。
　　　　　　　　　　　　　　　　　　　　　　　　［文献④(4.10)］

これらの例では，直接話法的になっているのは動詞の部分であるため，(21) の条件は満たしているように見えるものの，実際には許されないのであるから，混合話法に用いられる動詞の形式にはずいぶん制限があることがわかる。

また，間接話法の場合には，発言内容の一部を疑問の対象にすることができるが，直接話法では，そのようなことはできない。

(26) a. 太郎は［何時に来る］と言っていたのですか。
　　 b. *太郎は，［僕は何時に行くよ］と言っていたのですか。

そして，混合話法の場合にも，発言内容の一部を疑問の対象にすることができるのである。

(27) 太郎はやつのうちに何時に来いと言ったか。　　［文献④(3.2)］

「来い」というのは，話し手の方向に行くことを意味するので，(27)は，間接話法ではなく，「来い」の部分が直接話法的要素になっている混合話法である。(27) の「やつのうちに」の部分は間接話法的要素であるが，ここも直接話法的にすると容認できなくなってしまう。

(28) *太郎は［おれのうちに何時に来い］と言った（の）か。
　　　　　　　　　　　　　　　　　　　　　　　［文献④(3.1b)］

これは，「何時に」という部分に間接話法的要素が介在してしまっているため，直接話法的な部分が「おれのうちに」と「来い」の2箇所できてしまい，「おれのうちに」のほうが (21) の条件を満たさなくなってしまうからであると Kuno［文献④］は述べている。また，(29) が容認されないのは，(24) で見たように，「来ていただけませんか」という形式は，混合話法では許されず，直接話法にしかならないため，その結果，発言内容の一部を疑問の対象にすることができないのである。

(29) *花子は，何時に，来ていただけませんか，と言っていたのか。　　　　　　　　　　　　　　　　　　　　［文献④(4.7)］

このように，混合話法というものは，普段，その存在があまり意識されていないが，まだまだ解決するべき面白い問題をはらんだ構文である。

5　格助詞の違いの問題

さて，冒頭で言及した問題には，次のような文が関わっていた。

(2)　ピエールはロンドンは綺麗だと信じている。
(3)　ピエールはロンドンは綺麗でないと信じている。

特に問題を引き起こす可能性があるのは，「ロンドン」という表現で指

第Ⅰ部　言語的視点

されている対象である。しかし，上で見たように，「綺麗だ」「綺麗でない」という表現は，どの話法でも使えるものなので，この「ロンドン」という表現が，（誤解をしている）ピエールから見た表現であるのか，（誤解をしていない）文の発言者から見た表現なのかは，判別しがたい。

　また，他人の発言内容を報告する場合，次のような助詞の違いも見られる。

　　(30) a. ジョンは，メアリが天才だとほめたたえた。
　　　　 b. ジョンは，メアリを天才だとほめたたえた。

この2つは，一見，平行的に見えるかもしれないが，ガかヲかという違いで解釈が異なる場合が出てくる。たとえば，冒頭で紹介したピエールの状況を知った人が，(31)のように発言することはありえるだろう。

　　(31) ピエールは，ロンドンをロンドンでないと思っているんだね。

しかし，(32)の言い方で，(31)と同じ解釈をするのは多少難しいのではないだろうか。

　　(32) ??ピエールは，ロンドンがロンドンでないと思っているんだね。

ただ，この場合でも，ピエールが，自分が綺麗だと思っていた町と綺麗でないと思っていた町とが同じ町だったということを認識したあとに言ったのならば，ずっと容認可能性が上がる。

　　(33) ピエールは，あの頃，ロンドンがロンドンでないと思ってたらしいよ。

また，ピエールが誤解したままの状況であっても，(34)の言い方ならば許容できる。

　　(34) a. ピエールは，そのロンドンがあのロンドンでないと思った

んだね。
    b. ピエールは，あのロンドンがそのロンドンでないと思ったんだね。

逆にこの場合は，(35)のようにヲを用いて言うと，容認可能性が下がってしまう。

(35) a. ??ピエールは，そのロンドンをあのロンドンでないと思ったんだね。
    b. ??ピエールは，あのロンドンをそのロンドンでないと思ったんだね。

おわりに

このような容認性の違いがどうして生まれるのか，ガとヲで何が異なるのか，そして，それが話法の違いとどのように関わるのか，というのは，言語学から見て興味深い問題である。しかし，これらの問題は，元の哲学的な観点から提起された問題とは，少しずれてしまっているのだろうと推測する。問題としている対象そのものが異なっている可能性もあれば，対象は同じでアプローチが異なっているという可能性もあるだろう。このテキストでは，以上の材料を提示するだけにとどめておく。人文学が対象にしていることは何なのか，そして，各分野の違いは何から来ているのか，各自が考えるきっかけにしてほしい。

引用文献・参考文献
①上山あゆみ『はじめての人の言語学』くろしお出版，1991 年
②金水敏『ヴァーチャル日本語：役割語の謎』岩波書店，2003 年
③久野暲『日本文法研究』大修館書店，1973 年
④Kuno, Susumu, "Blended Quasi-Direct Discourse in Japanese," W. J. Poser (ed.), *Japanese Syntax*, pp. 75-102 (CSLI, Stanford, 1988).
⑤Kripke, S., "A Puzzle about Belief", A. Margalit (ed.), *Meaning and Use* (Dordrecht: D. Reidel Publishing Company, 1979).
⑥定延利之『煩悩の文法：体験を語りたがる人びとの欲望が日本語の文法システ

第Ⅰ部　言語的視点

　ムをゆさぶる話』ちくま新書，2008年
⑦飛田良文・浅田秀子『現代副詞用法辞典』東京堂出版，1994年
⑧益岡隆志・田窪行則『基礎日本語文法――改訂版――』くろしお出版，1992年
⑨宮島達夫・仁田義雄『日本語類義表現の文法（上）単文編』くろしお出版，
　1995年

4 コミュニケーションと配慮表現
―― 日本語史の観点から ――

青木博史
(国語学)

はじめに

　言語を用いて他人とコミュニケーションを図る際には，相手に対する何らかの配慮が必要とされる。たとえば目上の人と話す場合，「これからどこへ行くの？」とは言えず，「これからどちらへいらっしゃいますか？」といった言語形式を使用することが求められる。また，「後で先生の研究室に行くよ。」とはやはり言えず，「後ほど先生の研究室にうかがいます。」などと言わなければならない。このように，話し手と聞き手の上下関係に応じて選択される言語形式，すなわち「敬意表現」については，これまでにも多くの注意が向けられてきた。尊敬語・謙譲語・丁寧語といった種別については，周知のことがらであろう。

　しかし，相手に対する配慮は，何も自分より目上の人と話す場合にのみ求められるものではない。家族に対して，あるいは友人や後輩に対しても，特別な言語形式を用いて我々は配慮を示している。たとえば何かをお願いする場合，「この仕事やってよ。」ではなく，「悪いけど，この仕事やってくれないかな？」のように，まず「悪いけど」といった形式を用いて相手への気遣いを示してから，具体的な依頼の表現形式を用いていることに気づく。また，「明日までに提出しないといけないんだよね。」のように，お願いしなければならない理由を説明することもあるだろう。さらには，述語の部分においても，いわゆる命令形「やれ」「やってくれ」ではなく，「やってくれるとうれしいんだけど…」のように婉曲的に言うこともしばしばである。これらは，いずれもいわゆる敬意表現とは異なる次元で相手への配慮を表しているといえる。ここで

は，こうした相手への配慮を示すために用いられる言語形式全般を指して，「配慮表現」と呼ぶこととする。

1 記述の枠組み

配慮表現の記述においては，「場面」あるいは「機能」からアプローチする点が特徴的である。敬意表現という枠組みであれば，たとえば「いらっしゃる」や「うかがう」，「です」などの「形式」がどういう場面で使われ，どういう機能を果たすか，ということが記述の目的となる。しかし，配慮表現は逆に，たとえば何かを依頼する「場面」において，どのような「形式」が使われるかを観察するところから記述が始まる。尊敬語や謙譲語などの形式の体系を記述するのではなく，機能・運用の体系を記述するわけである。

まずはここで，本章における記述の枠組みを示しておこう。相手への配慮を示す「配慮表現」が必要とされる場面について，本章では以下に掲げる表4-1のような9つの場面を想定しておくこととする。

①は相手に対して何らかの行為を要求する場面で，命令や依頼，禁止などがこれに相当する。こうした行為要求に対し，従うのか断るのかといった反応の場面が②である。①は話し手に利益をもたらす行為の要求であるが，これとは逆に相手に恩恵を与える行為を申し出る場合が③，

表4-1 「配慮表現」が必要とされる場面

①	要求表明	頼む，命令する，禁止する，誘う，許可を求める，…
②	要求反応	引き受ける，従う，同意する，許可する，断る，遠慮する
③	恩恵表明	申し出る，助ける，勧める，忠告する
④	恩恵反応	受け入れる，断る，感謝する
⑤	疑問表明	尋ねる，確認する
⑥	疑問反応	答える，教える
⑦	感情表明	非難する，謝る，ほめる，叱る，祝う，なぐさめる，…
⑧	主張表明	賛成する，反対する，共感する，打ち消す，…
⑨	関係構築	挨拶する，呼びかける，自己紹介する，人を紹介する，…

それに対する反応が④である。そして，相手への疑問を表明したものが⑤，それへの反応が⑥であり，①から⑥は意思の表明と反応という3対の組を示したものである。現代語であれば，こうした場面では単にそれらの「表明」や「反応」を示すのみにとどまらず，必ず何らかの配慮表現を必要とする。たとえば，依頼場面における配慮表現は前節で少し触れたが，それに対する反応の場合も同様である。引き受けるにしろ断るにしろ，「私でよければやらせていただきます」とか，「申し訳ありませんが，私にはできそうにないのでお断りします」のように，「従う」「断る」ことの表明以外の要素，すなわち多くの配慮表現形式を伴って発話していることが分かる。この他，相手へ向けての感情の表明を⑦，主張の表明を⑧，挨拶のような人間関係を構築する場面を⑨とした。

　これらの中でも特に，「依頼」と「断り」は，相手に対して相当程度の配慮を必要とすると考えられる。こうした意思表明をどのように行うかで，人間関係に大きな影響を及ぼすからである。本章では，これらの2つの場面について歴史的観点から記述を試みる。

　次に，日本語史における時代区分について紹介しておく。以下に掲げる表4-2を参照されたい。

　「上代」「中古」といった左端の区分は，「奈良時代」「平安時代」といった政治史の区分と対応しており，おおよそなじみの深いものだろう。右端の「古代－近代－現代」といった区分は，日本語史の特徴に沿って見たとき，いくつかの事象において当てはまる区分である。本章

表4-2　日本語史における時代区分

上代	奈良時代およびそれ以前	～794年	古代語
中古	平安時代	794～1192年	
中世前期	鎌倉時代	1192～1333年	
中世後期	室町時代	1333～1603年	近代語
近世	江戸時代	1603～1868年	
近代	明治・大正・昭和前期	1868～1945年	
現代	昭和後期・平成	1945年～	現代語

では，説明の便宜に応じてこれらの区分を使い分けていくこととする。

2 「命令・依頼」における配慮表現

前節において，現代語における発話場面を想定し枠組みを仮設したが，具体的な言語表現形式においても，現代語を基準に考える方法が有効である。まず現代語との相違という観点から古典語を観察し，そしてその観察に基づき，どこが変化しどこが変化していないかという歴史の記述へと進んでいくわけである。そこで，まずは「命令・依頼」における現代語の表現形式の構造を，以下に示しておくこととする［文献③参照］。

　A【恐縮】：すみませんが，
　B【説明】：明日までにどうしても必要なので，
　C【緩和】：できれば
　D【要求】：今日中に仕上げてもらえませんか。
　E【補強】：いずれお礼はしますので。

A段階は，恐縮の意を表明することで，これから何らかの行為を要求することの導入の機能を果たしているものである。「恐れ入ります」「すみません」「申し訳ありません」の他，目下の人や親しい人に対しては「ごめん」や「悪い」なども用いられるだろう。このような導入部を設けることによって，相手への配慮を示すことになる。次のB段階は，何らかの要求を行うに至る事情・状況の説明である。相手に状況認識を共有してもらうことで，行為要求の必要性を感じてもらうことを意図している。そしてC段階は，行為要求の強制感をやわらげ，聞き手の心理的な負担を軽減しようとするものである。「できれば」「よかったら」などが用いられるが，これもやはり，相手への配慮を示したものといえる。そしてD段階は，具体的な要求を表明するものである。これには，行為をするよう要求する場合（＝命令・依頼）と，行為をしないよう，またはやめるよう要求する場合（＝禁止）がある。またこのとき，直接的な依頼形式（〜してくれ）と，疑問表現（〜してくれませんか）や願望表

現（〜したいんだけど）などの間接的な依頼形式とがあるが，後者を用いるほうが相手への配慮をより意識したものと考えられる。最後にE段階としたのは，相手の承諾を引き出すような働きかけを行うものであり，これは行為要求が成り立つことを補強するものといえる。配慮表現という観点からは，Eについてはあまり問わないものとし，以下，AからDのそれぞれの要素の現れに注目して記述していくこととする。

　それでは，上代から順に時代を追って見ていくこととしよう。上代においても，D段階を軸とし，現代語のようなA・B・E段階の要素がそれぞれ用いられていることが分かる。

(1)　A【恐縮】：恐し。
　　　D【要求】：我を殺すこと莫れ。
　　　E【補強】：此地を除きては，他し処に行かじ。
　　　〔恐れ多いことです。私を殺さないでください。この場所以外，他の所には行きません。〕　　　　　　　　　　　　（古事記・上）

(2)　B【説明】：吾と汝と作れる国，未だ作り竟らず。
　　　D【要求】：還るべし。
　　　〔私とお前が作った国は，まだ作り終わっていない。（だから）帰ってこなければならない。〕　　　　　　　　　　（古事記・上）

(1)は禁止，(2)は命令の例である。D段階の述語形式に注目すると，(1)では「なかれ」という命令形が用いられているのに対し，(2)では「〜べし」という当為表現が用いられている。「〜するのが当然である」と相手に言うことで「あなたは〜しなければならない」→「〜しなさい」といった意味を表すことになる，間接的な命令表現である。

　上代には，このような間接的な行為要求表現として，以下のようなものがある。

(3)　〈疑問〉従ひて仕へ奉らむや。
　　　〔私に従ってお仕えするか。〕　　　　　　　　　　（古事記・中）

第Ⅰ部　言語的視点

(4) 〈希望〉忘れず失はずあるべき表(しるし)として，一二人(ひとりふたり)を治め賜はな。
　　〔(この舞の趣旨を) 忘れず失わず伝える徴として，一人二人に位階を賜ってほしい。〕
　　　　　　　　　　　　　　　　　　　　　　　（続日本紀宣命・10）

(3) は相手の意向を尋ねる疑問表現を用いて行為を促すもの，(4) は自分の希望を相手に伝えることで行為を要求するものである。
　もちろん，直接的な行為要求表現も多く用いられており，こちらの方が基本的である。

(5) 〈命令〉我妹子(わぎもこ)を継ぎて相見む事計りせよ
　　〔あなたに続けて逢える手だてを考えることをしなさい〕
　　　　　　　　　　　　　　　　　　　　　　　（万葉集・756）
(6) 〈禁止〉我が故にいたくなわびそ
　　〔私のことで，そんなにひどくがっかりしないでください〕
　　　　　　　　　　　　　　　　　　　　　　　（万葉集・3116）

　このとき注目されるのが，現代語では「しなさい」のように敬体を使うほうが一般的であるのに対し，上代では (5) のように常体の命令形もしばしば使われる点である。さらに，現代語では「してくれ」「してください」のような授与動詞を組み込んだ形式，すなわち「依頼」表現が存在するが，上代語には存在しない。上代では，「命令」と「依頼」が未分化であったと見ることができよう［文献④］。
　以上のように，表現形式は異なるものの，上代でも現代で用いられる配慮の要素が多く用いられていることが分かった。その中にあって顕著な相違点としては，A段階の恐縮表明は見られるものの，前置き表現として導入のように用いられているわけではないこと，同様に相手の負担を軽減するために用いられるC段階の「よかったら」のような前置き表現が見られないこと，の2点が挙げられる。こうした上代の状況をふまえたうえで，次に中古の様相を見てみたいと思う。まずは，いくつか用例を掲げる。

50

(7) B【説明】：いと苦しさまさりはべる。
　　A【恐縮】：かたじけなきを，
　　D【要求】：はや渡らせたまひね。
　〔本当に気分が悪くなってまいりました。（源氏に対して）失礼ですから，どうぞお引取りになってください。〕　　　　（源氏物語・澪標）
(8) C【緩和】：若事ノ次有ラバ
　　D【要求】：奏達セ令メヨ
　　B【説明】：事一二ナラ不
　　A【恐縮】：謹言
　〔もし機会があれば天皇に申し上げさせなさい，ここでは詳しく書くことができません〕　　　　（雲州往来・中14往状）

　(7)(8)は，いずれも直接的な行為要求表現の例である。ここでも，前置き表現として用いられてはいないが，行為要求を行う相手に対して恐縮の意を表明することで配慮を示していることが見てとれる。さらに(8)では，書状であるので口頭の会話とは異なる部分もあろうが，C段階の要素が現れている点は注目に値する。「もし事のついで有らば」のように条件表現を用いている点でも現代語に近いといえよう。
　こうしたC段階の表現は，中世前期の『宇治拾遺物語』にも見られる。

(9) B【説明】：……その経を書かずして遂に失せにし罪によりて，
　　　　　　　たとふべき方もなき苦を受けてなんあるを，
　　C【緩和】：もし哀れと思ひ給はば，
　　D【要求】：その紙尋ね取りて，三井寺にそれがしといふ僧に
　　　　　　　あつらへて書き供養せさせて給べ。
　〔……その経を書かずにとうとう死んでしまった。その罪でたとえようのない苦しみを受けているが，もし哀れとおぼしめすなら，その料紙を捜し出して，三井寺にいるこれこれという僧に頼んで書写供養させてほしい。〕　　　　（宇治拾遺物語・巻8-4）

(9)においても,「もし哀れと思ってくださるのなら」といった形で相手の負担を軽くする表現が,依頼の前置きのように用いられている［文献⑩］。

　さらに時代を下り,中世後期から近世期に至ると,導入としてのA段階の萌芽ともいえる形式が現れるようになる。

　　(10)　A【同情】：汝はほねおりなれども
　　　　　D【要求】：しみづへいて,水をくんでこひ。
　　　　　　　　　　　　　　　　　　　　　　（虎明本狂言・清水）
　　(11)　A【恐縮】：御無心ながら
　　　　　D【要求】：かへて紙を一まいおくんなんしな。
　　　　　　　　　　　　　　　　　　　　　　（傾城買四十八手）
　　(12)　A【同情】：お氣の毒だが,
　　　　　D【要求】：お頼み申ます。　　　　（小袖曾我薊色縫）

「骨折りなれども」「気の毒だが」のような形式は,相手への同情を示すことによって命令・依頼の強制力を緩和させ,行為要求をスムーズにするはたらきを示している。ここに「すみませんが」や「悪いけど」のような謝罪の形式を用いるのが現代語であるが,導入としての前置き表現の成立はこの頃と見てよいように思う。

　命令・依頼表現におけるもう1つの大きな歴史的変化は,「～してくれ」「～してください」のような受益表現形式の発達である。これは,話し手利益の行為指示である「依頼」表現が発達したということである。近世までは「～給へ」などの尊敬語によって専ら上下関係に対して示されていた配慮が,近代以降"話し手への利益があるときには受益表現を用いる"という制約ができたことにより,「～しろ」「～しなさい」は「命令」,「～してくれ」「～してください」は「依頼」,のように機能が分化したと考えられる［文献⑨］。

3 「断り」における配慮表現

　前節では，命令・依頼といった，相手への行為要求を表明する場面について見たが，この節では，要求への反応として，それを断る場合について見てみたいと思う。ここでも，まずは現代語における「断り」表現の構造を示すこととする。

　　A【謝罪】：申し訳ありませんが，
　　B【説明】：今日はとても忙しいので，
　　C【拒否】：私にはできません。
　　D【補強】：他の人にお願いしてもらえませんか。

　まずA段階は，「依頼」の場面と同様に，謝罪の表明をすることで，断りの導入のはたらきを示しているものである。「すみません」「申し訳ありません」の他，親しい間柄であれば「ごめん」や「悪い」なども用いられる。次のB段階は，断る理由の説明である。すぐに断りを表明するのではなく，「忙しいから」とか「体調が悪いから」とか，何らかの理由を述べることが多いが，これもやはり相手に対する配慮を示しているものと考えられる。そしてC段階は，要求を拒否することを表明したものである。これには，「お断りします」のように拒否を明示する形式，あるいは「嫌です」のように自らの心情を表示する形式も用いられるが，「できません」のように，可能性を否定した形式を使用することのほうが多そうである。「断らざるを得ない」といった表明の仕方は，やはり相手への配慮を示したものであろう。さらにD段階としたのは，断った後の状況について新たな提案を行っているものである。これは，「断る」という事態が成立することを補強するものである。

　以上のようなモデルに基づき，上代から見ていくこととする。上代の「断り」表現で特徴的なのは，「命令・依頼」の場合と同様に，導入としての「謝罪」の表明が現れないという点である。しかしその代わりに，「恐縮」の表明が行われている。

第Ⅰ部　言語的視点

　　(13)　A【恐縮】：恐し。
　　　　　C【受諾】：仕へ奉らむ。
　　　　　D【補強】：然れども，此の道には僕（やつがれ）が子，建御雷神（たけみかづちのかみ）を遣すべし。
　　　　〔恐れ多いことです。お仕えします。しかしながら，この任務には，私の子，建御雷神を遣わすのがよろしいでしょう。〕

　　　　　　　　　　　　　　　　　　　　　　　　　　　　　（古事記・上）

(13)では，一旦受諾の意思を表明しながら，結局は断り，別の提案を行っている。すぐに断らずに受諾の可能性を示すという述べ方は，相手への配慮を示したものといえるだろう。もちろん，上代の断り方が，常にそうであるというわけではない。

　　(14)　C【拒否】：敢ふましじ。
　　　　　B【説明】：受け賜はるべき物なりせば祖父（おほぢ）仕へ奉りてまし，然有る物を，知れることも無く，怯（つたなき）く劣き押勝がえ仕へ奉るべき官（つかさ）には在らず，
　　　　　A【恐縮】：恐し。
　　　　〔その任に堪えません。もし承知するべきものであったら，祖父藤原不比等がお仕えしましたでしょう，それなのに，未熟な私がお仕えできる官職ではありません。恐れ多いことです。〕

　　　　　　　　　　　　　　　　　　　　　　　　　（続日本紀宣命・26）

(14)では，まず拒否の表明をした後で，その理由説明を詳しく述べ，最後にやはり恐縮の意を表明している。

　ここから見てとれるのは，上代には謝罪表現がなく，その代わりに恐縮表現が使われているが，配慮表現としての機能は大きく異なるということである。すなわち，現代語の謝罪表現は，断りの導入部として前置きのように使われるのに対し，上代語の恐縮表現は談話の終結部に用いられることもあるように，「畏慎」の気持ちは発話全体を覆っている。

これは，命令・依頼表現においても恐縮表現が用いられていたことを考え合わせる必要があるが，上代語の対人配慮の基本は，こうした「畏慎」にあると考えられる［文献④］。それでも，こうした点を除くと，拒否の表明をはじめ，理由説明や効果の補強など，現代語と同じ要素が出現していることが見てとれる。この点をふまえ，次に中古から中世前期の様相を見てみることとしよう。

まず，中古の用例を以下にいくつか掲げておく。

(15) B【理由】：さることうけたまはりて，歌よみはべるまじうなりてはべれば，
　　 C【拒否】：思ひかけはべらず。
　　〔そうする必要はないというふうにお言葉を承りまして，歌は詠まないことになっておりますので，考えてもおりません。〕
(枕草子・95 段)

(16) B【理由】：いま顔などつくろひたててこそ。
　　〔ただいま，顔など整え終えましてから（と言って参上しない）。〕
(枕草子・47 段)

(17) C【拒否】：今宵はえなむ。
　　〔今晩はとても参上することができません。〕　(枕草子・100 段)

上記 3 例はいずれも『枕草子』の例であるが，A 段階の謝罪表現が見られないことは上代と同様である。B 段階・C 段階の現れとしては，(15) は理由を述べた後で拒否の表明をしたもの，(16) は理由説明のみ，(17) は拒否表明のみ，といずれのパターンも見られる。しかし，理由説明を欠く (17) のような例は稀で，ほとんどの場合において (18 例中 15 例) 理由説明を行っている点は注目される［文献⑥］。

これは，時代が下った中世前期の『平家物語』においても同様である［文献⑤］。

(18) B【理由】：此風はおひ手にて候へども，普通に過ぎたる風で

第Ⅰ部　言語的視点

　　　　　　　　　候。奥はさぞふいて候らん
　　　　C【拒否】：いかでか仕り候べき。
　　　〔(「さっさと船を出せ」という要求に対し)この風は追い風ですけれど，普通以上の疾風です。沖はさぞかし吹いておりましょう。どうして船を出すことができましょうか。〕　　（平家物語・巻11）
(19)　B【理由】：さる馬はもッて候ひつれども，此ほどあまりに，
　　　　　　　　　乗り損じて候ひつるあひだ，しばらくいたはらせ
　　　　　　　　　候はんとて，田舎へつかはして候。
　　　〔(「評判の名馬を見たい」という要求に対し)そういう馬はもっていましたが，近頃あんまり乗りすぎ疲れさせてしまいましたので，しばらく休養させようということで，田舎へつかわしてあります。〕　　　　　　　　　　　　　　　　　　　（平家物語・巻4）

　特に(19)は，嘘の話をでっちあげ，理由を説明するだけで「断り」を示す点が面白い。
　このように，古代語（上代から中世前期）では謝罪表現がなく，その分理由説明を重点的に行っている。謝罪や感謝の定型的な形式がなく弁解を優先するということは，この時代ではそのような事情説明のほうが重視された，すなわち配慮表現の構造としては一般的であったという可能性が考えられる［文献⑫］。
　これが，中世後期の『虎明本狂言』に至ると，変化が見られるようになってくる。

(20)　A【受諾可能性】：やすひ事でござるが，
　　　B【理由】：只今申ことく，人のあづけ物でござる程に
　　　C【拒否】：なりまらすまひ。　　　　　（虎明本狂言・富士松）
(21)　A【同意】：汝が云も尤なれ共，
　　　B【理由】：さりながらおぬしは事の外力もつよし，その上兵
　　　　　　　　　法などがよひ程に，
　　　C【拒否】：たばからずはなるまひ。　　　（虎明本狂言・武悪）

(20)では相手の要求に対し,「簡単なことではございますが」と受諾の可能性を示した後で,さらに強い理由によって断らざるを得ない旨を述べている。また(21)では,「あなたが言うのももっともではあるが」と,一旦相手を立てた後で断りの意思を表明している。ただ単に「○○だからできない」と言う場合に比べ,相手への配慮が示されているといえるだろう。「……ではあるが,」と前置きのように用いられる点も注目に値する。

さらに,自分にとって恩恵があることを勧められたことに対する断り(辞退)の場合,以下の例のように,感謝の気持ちを表明したうえで断る例もしばしば見られる。

(22) A【感謝】：お心ざしは有がたふ御ざれ共,
　　 B【理由】：おんじゆかいをたもつて御ざる程に,
　　 C【拒否】：なりまらせぬ。　　　　　（虎明本狂言・地蔵舞）
(23) A【感謝】：かたじけなふ御ざれども,
　　 B【理由】：いまだじやくはいにて,此寺をかゝゆる事はなりまらすまひ程に
　　 C【拒否】：まづ寺をかゝへさせられて下されひ。
　　　　　　　　　　　　　　　　　　　　　（虎明本狂言・骨皮）

(22)では「ありがたい」,(23)では「かたじけない」といった形式を用いて,相手への感謝をまず表明している。やはりこの時期に,A段階とした前置き表現の萌芽を見てとることができるであろう。

ただし,謝罪表現がA段階において用いられるようになるのは意外に遅く,以下に示すように近代以降のことのようである。

(24) A【謝罪】：（お金の件,）お願いに背いて申し訳ないが,
　　 C【拒否】：とても急には出来ない。　　　　　（虚構の春）
(25)（「書類を提示するように」という要求に対し）
　　 A【謝罪】：すみませんが,

第Ⅰ部　言語的視点

　　　　B【説明】：書類は何も持ちあわせていないんです。

　　　　　　　　　　　　　　　　　（トニオ・クレーゲル，高橋義孝訳）

もちろん，近世期にこうしたＡ段階の前置き表現が見られないわけではない。

　（26）　Ａ【同情】：まことに御気の毒でハム升が，
　　　　Ｂ【理由】：かぜのうへならず，血の道で欠びが出升し，夫ゆへお初会でハ御不興にも成からと申シ升ゆへ，
　　　　Ｃ【拒否】：お断り申升。　　　　　　　　（追善落語梅屋集）

しかし，(26) の「気の毒」は相手への同情を示すもので，謝罪表現ではない。(20) (21) のような同意の表明，(26) のような同情の表明を経て，(24) (25) のような謝罪の表明が行われるようになったものと考えられる。

　以上見てきたように，Ａ段階からＣ段階までが出揃うのは，近代語（中世後期以降）に入ってからである。そして，Ａ段階で謝罪表現が固定化するのは，近世後期以降のことであった。現代語の「断り」表現における配慮の構造は，こうした歴史的経緯を経て形成されてきたものと考えられる［文献①］。

おわりに

　以上のように，本章では配慮表現の歴史について，「命令・依頼」と「断り」の２つの場面を取り上げて記述を行った。従来の「敬意表現」「待遇表現」といった枠組みを超えた研究として，今後のさらなる展開が期待される分野である。ただしもちろん，敬意表現の歴史とは密接に関わっている。絶対的な身分差・階級差に基づいた敬語の使用から，話し手と聞き手の関係を意識した敬語の使用へ（丁寧語の発達）といった変化は，常体での命令形が用いにくくなること，受益表現を伴わない依頼表現が用いにくくなること等と関係するであろう。状況説明の機能の

変化，前置き表現の発達など，配慮表現全体の変化の中に従来の待遇表現史研究の成果がどのように位置づけられるかについても，今後検証する必要があるだろう。本章で扱った「命令・依頼」「断り」以外の場面についても，記述を重ねていきたい。

引用文献・参考文献
①青木博史「近代語における「断り」表現——対人配慮の観点から——」『語文研究』108・109，2010 年
②川上徳明『命令・勧誘表現の体系的研究』おうふう，2005 年
③国立国語研究所『言語行動における「配慮」の諸相』くろしお出版，2006 年
④小柳智一「上代の配慮表現」「日本語コミュニケーションの中の対人配慮」シンポジウム（2008 年 8 月，於大阪府立大学）発表資料，2008 年
⑤高山善行「『平家物語』の対人配慮表現——「断り」表現を中心に——」『国語国文学（福井大学）』48，2009 年
⑥高山善行「中古語の〈断り表現〉について——『枕草子』の場合——」『語文』92・93，2010 年
⑦藤原浩史「平安和文の謝罪表現」『日本語学』12-12，1993 年
⑧藤原浩史「平安和文の依頼表現」『日本語学』14-11，1995 年
⑨森勇太「行為指示表現の歴史的変遷」『日本語の研究』6-2，2010 年
⑩森野崇「『宇治拾遺物語』の配慮表現——依頼・受諾・感謝の場合——」『日本語の対人配慮表現の多様性』平成 17～20 年度科学研究費補助金（基盤研究（B）課題番号 17320072）研究成果報告書，2009 年
⑪森山卓郎「「断り」の方略——対人関係調整とコミュニケーション」『月刊言語』19-8，1990 年
⑫森山由紀子「平安和文配慮表現における「説明」の機能——『落窪物語』会話文を通して——」「日本語の配慮表現の多様性」シンポジウム（2008 年 3 月，於大正大学）発表資料，2008 年
⑬米田達郎「近代語の依頼表現」『日本語文法学会第 9 回大会発表予稿集』2008 年
⑭Brown, P., and Levinson, S., *Politeness: Some universals in language usage* (Cambridge: Cambridge University Press, 1987).

5 コミュニケーションの道具としての言葉
―― 「発話の繰り返し」と文法現象 ――

西岡宣明
(英語学)

はじめに

　社会生活において，他者とのコミュニケーションがうまく成立するためには，言語の正しい理解が必要となる。本章では，言葉そのものの特徴に焦点を当てて考察する。ある言語の母語話者はその言語の文が，文法的であるか，否か（あるいは容認できるか，否か）を直感的に判断できる。それは，言語には規則があり，その規則を（無意識的に）母語話者は身につけているからだ。また，興味深いことに，その規則が，しかるべき文脈の中では，例外的に破られているようにみえる場合ある。これは，コミュニケーションの要因が言語規則に反映しているからであるが，ではその際，規則がないのかというとそうではない。文レベルで働く規則に談話的な要因が加わり規則がアレンジされたということである。

　以下では，まず，具体的に英語の疑問文と否定文を順に取り上げ，どのような規則が働いているのかを確認した上で，その例外的な事例をみる。そして，その違いを談話的な要因を加味して，いかに分析すべきかをそれぞれについて考察する。その際，何らかの「発話の繰り返し」が重要な働きをしていることを述べ，それを（無意識的に）取り込んだ文法規則が働いていることを論じる。さらに「発話の繰り返し」であることの意図的な言語使用が効果的な発話を生み出している「アイロニー」の現象を考え，発話意図の正しい理解には，「発話の繰り返し」であることの認識が必要であることを論じ，他者の発話を前提とした言語的コミュニケーションの興味深い側面を考える。

61

第Ⅰ部　言語的視点

1　英語の疑問文・否定文

英語の疑問文

英語の疑問文には以下のような規則が働いている。

Ⅰ. wh 句がある場合，文頭へと移動しなければならない。（以下，例文の前にある＊はその文が非文法的あるいは，容認不可能であることを表す。）

(1) a. Who did Bill marry?
　　b. *Bill married who?（会話の初め，下降調で言った場合。）
　　c. *Did Bill marry who?

Ⅱ. 複数の wh 句がある場合，1つのみが文頭へと移動するが，それは，（構造上）上位に位置するものでなければならない。

(2) a. Who drank what at Mary's Party?
　　b. *What did who drink at Mary's Party?
　　c. Who does Mary think ate what?
　　d. *What does Mary think who ate?
　　(Cf. Who do books about what annoy most?)

Ⅲ. 疑問の wh 句は疑問節に生じなければならない。

(3) a. John wonders what Mary ate.
　　b. *John thinks what Mary ate.
　　(Cf. John thinks that Mary ate the pie.)

Ⅳ. 疑問の wh 句は名詞表現全体を表すものでなければならない。

(4) a. What did Mary see?
　　b. *The what did Mary see?
　　c. Who saw what?
　　d. *Who saw the what?

62

5 コミュニケーションの道具としての言葉

　まず，英語のこれらの規則はどのように捉えられるのかを最近の言語学の理論的道具を用いて考えてみよう。(5a) の文の構造は，(5b) のように表される。

　　(5) a. What did you eat this morning?
　　　　b. [CP what_j Q-did_i [TP you t_i eat t_j]]

(5b) では，文に対応する構造が TP として表示され，その上位に疑問の発話の力 Q をもつ CP 構造がある。ここで t_i は did，t_j は what の移動する前の位置を示すものである。すなわち，英語の疑問文では，wh 句と（wh 句が主語以外の主節では）助動詞が移動する。I は，その移動が義務的であることを述べたものであり，II は，英語では wh 句は 1 つのみが同一 CP 内へと移動するがそれは，構造上上位にあるものでなければならないことを述べたものである。また，III は，Q の生じうる環境を規定したものであり，IV は，疑問文を構成する wh 句は名詞句全体に対応することを述べたものである。

　ところが，以下の例は，I～IV の規則に違反しているにもかかわらず全く問題のない文である。

　I の反例——wh 句が文頭に移動していない。

　　(6) A：Bill married Greta Garbo.
　　　　B：Bill married who? (cf. (1b))
　　(7) A：Did Bill marry Greta Garbo?
　　　　B：Did Bill marry who? (cf. (1c))

　II の反例——構造上下位の wh 句が文頭に移動している。

　　(8) A：What did Dracula drink at Mary's Party?
　　　　B：What did who drink at Mary's Party? (cf. (2b))
　　(9) A：What does Mary think Mozart ate?
　　　　B：What does Mary think who ate? (cf. (2d))

63

Ⅲの反例——疑問節ではないのに wh 句が生じる。

(10) A：Max thinks Mozart ate the pie.
B：Max thinks who ate the pie?（cf. (3b)）

Ⅳの反例——部分的 wh 句の例。

(11) A：The Martians asked for more spaghetti.
B：The who asked for more spaghetti?（cf. (4b)）
(12) A：Who saw the flying saucer?
B：Who saw the what?（cf. (4d)）

以上の B の発話はすべて，Ⅰ～Ⅳ の規則に反している。これらは，対話者（A）の発話に対し，驚き，不信などの態度を込めて聞き返す繰り返し（問い返し）疑問文（以下，EQ）と呼ばれるものである[1]。

英語の否定文
英語の否定文には以下のような規則がある。

Ⅴ．not の生起位置は定まっており，名詞の前には生じない。

(13) a. I did not see Chris.
b. *I saw not Chris.

Ⅵ．スコープ内の否定極性表現（NPI）を認可する。

(14) a. John didn't eat anything.
b. *John ate anything.

---
1) EQ にはここでみたように問い返す wh 句が移動しないものの他に，通例の疑問文のように問い返す wh 句を文頭に移動するタイプのものもあるが，それは，(6A) に対する応答としては，可能であるが，(7A)～(9A) に対する応答としては，非文法的となる。すなわち，これら 2 つのタイプの EQ は形成規則が異なると考えられるが，本章では，後者については紙面の制限上これ以上触れない。

(Cf. *Anyone didn't attend the party.)

Ⅶ. some, most, several のような語彙項目を否定のスコープ内で解釈できない。

(15) a. John didn't solve some/most/several of the problems.
(some/most/several＞NEG, *NEG＞some/most/several)
(Cf. There were some of the problems that John didn't solve.)
b. *Not some/most/several people attended the party.

Ⅷ. many のような存在数量詞は主語の位置では, 否定の焦点（部分否定）とすることができない。（以下, 部分否定の解釈がないことを#で表す。）

(16) a. #Many of the children did not go to school yesterday.
(many＞NEG, *NEG＞many)
b. All of the children did not go to school yesterday.
(all＞NEG, NEG＞all)
(Cf. John couldn't solve many of the problems.
(NEG＞many, (many＞NEG))

Ⅸ. 統語的島の中にある数量詞を否定の焦点（部分否定）とすることができない。

(17) a. #I didn't understand Euclid's proofs of many of the theorems.
(many＞NEG, *NEG＞many)
(Cf. *Who did you see Mary's picture of?)
b. #I didn't talk to Chomsky and all of his colleagues.
(all＞NEG, *NEG＞all)
(Cf. *Who did you see Mary and?)

(17a) は, 特定的主語（所有表現）をもつ名詞句内に数量詞があり,

(17b) は等位構造中に数量詞がある例である。これらは，いずれもその中からの要素の移動を禁じる統語的「島」を構成する構造であり，(17) はその環境では否定の焦点である部分否定の解釈ができないことを示している。

これらの例を説明するために，英語の否定文が (18) のような抽象的構造をもち，Pol と not が関係づけられることにより，文 (TP) 全体が否定のスコープとなると考えてみよう。

(18) [PolP Pol [TP …T not…]]

すると，V は，文否定の not は T に関係づけられる位置に生じなければならないこと[2]，VI は，NPI は否定のスコープ内で認可される（生じることが許される）こと，VII は，本来的に否定のスコープ内で解釈できない要素があることを述べたものである。また，VIII は，存在数量詞は普遍数量詞と異なり，(18) の Pol と not の関係づけを阻害すること，さらに IX は，部分否定の解釈のために数量詞は (18) の Pol の近くまで移動すると仮定するとうまく捉えられることを示すものである。

しかし，V～IX に関しても以下のように反例がある。（以下，下線部は強調のための強勢があることを表す。）

V の反例――名詞の前に not が生じた例。

(19) I saw not Chris but Pat. (cf. (13b))

VI の反例――NPI が認可されない。

(20) Chris didn't manage to solve some/*any of the problems―he managed to solve all of them. (cf. (14a))

---

[2] 但し，(i) のような部分否定を表す not 数量詞はこの限りではないが，その場合もやはり，not は Pol に関係づけられる。文献④参照。

(i) a. Not many people attended the party.
   b. Not every student passed the test.

VIIの反例——本来的に否定されない要素が否定されている。

(21) I didn't solve some/most/several of the problems—I solved all of them. (cf. (15a))

VIIIの反例——主語位置の存在数量詞が否定の焦点となっている。

(22) Many of the students didn't attend the party. All of them attended it. (cf. (16a))

IXの反例——統語的島内で否定の焦点となっている。

(23) a. I didn't understand Euclid's proofs of many of the theorems; I understand his proofs of only a few of them. (cf. (17a))
b. I didn't talk to Chomsky and all of his colleagues; I talked to Chomsky and most of his colleagues. (cf. (17b))

(19)〜(23)は，いずれも，先行する発話，想定を否定して訂正する機能を有するもので，通例の否定と区別してメタ言語的否定（MN）と呼ばれるものである。

2　発話の繰り返し

繰り返し（問い返し）疑問文（EQ）の特徴と分析[3]

1節でみた(6)〜(12)の対話者の発話を直接的に繰り返すBの発話（EQ）はいずれも英語の疑問文形成に関する規則I〜IVの反例となるものであったが，では，EQには統語的制約が働いていないのかというと実はそうではない。以下のようなEQは許されない。

(24) A: Frieda likes chocolate worms.
　　 B1: *Does Frieda like what? (Cf. Frieda likes what?)
　　 B2: *Does who like chocolate worms?

---

3) EQの事実観察は文献⑤・⑥によるものである。

(Cf. Who likes chocolate worms?)
(25) A: Does Frieda like chocolate worms?
　　　B1: *Frieda likes what? (Cf. Does Frieda like what?)
　　　B2: *Who likes chocolate worms?
　　　(Cf. Does who like chocolate worms?)
　　　B3: *What does Frieda like? (Cf. Does Frieda like what?)
(26) A: Who likes chocolate worms?
　　　B: *Does who like what? (Cf. Who likes what?)

これらの例からEQは，繰り返す先行発話の語順を変えずに形成しなければならないことが分かる。しかし，以下の例では必ずしもそうではない。

(27) A: Has Mary eaten the fried worms?
　　　B: Has what been eaten by Mary?

(27B)は，(27A)と異なり受動文を用いているため語順が変わっているが問題のないEQである。また，以下の例にみられるようにEQは先行発話と直示的主語とそれに一致する動詞の形態に関しても同一でなくてもよい。

(28) A: I'm having tea with Cleopatra.
　　　B: You are having tea with who?

これらのことから，EQの形成にはどのような規則が働いているといえるだろうか。先に(29b)の疑問文の構造は近年の言語学的手法を用いると(30b)のように表されることを述べたが，(29a)の平叙文は(30a)のように表される。

(29) a. I am having tea with Cleopatra.
　　　b. What did you eat this morning? (=(5a))
(30) a. [CP φ [TP I am having tea with Cleopatra]]

b. [$_{CP}$ what$_j$ Q-did$_i$ [$_{TP}$ you t$_i$ eat t$_j$]] (=(5b))

(30) では，文に対応する構造が TP として表示され，その上位に発話の力（陳述・疑問等）を表す CP 構造がある。(29a) は陳述文であり，疑問文を表す (30b) の Q の代わりに，(30a) は，default 値ともいえる C のゼロ具現形である φ をもつ。

EQ は，純粋な質問というより，対話者の直前の発話に対して，ある部分を焦点化して聞き返し，多くの場合に驚き，不信等のその発話に対する話者の態度を表明するものである。すなわち，EQ においては，(30) でみた CP 構造による発話の力とは別に，そしてその上に「～だって？（～をもう一度いって？）」に対応する疑問をかぶせてきていると考えることができる。したがって EQ の発話文の構造は，以下のようになる。

(31) [Q_{EQ} [$_{CP}$ [$_{TP}$ … wh…]]]

ここで，Q_{EQ} が「～だって？」という疑問の意味を表すものであり，TP 中の wh 句が文中の「～」に対応する焦点要素を表す。このように考えて，(24)～(28) をみると，EQ の規則がみえてくる。(24) から分かるように陳述文に対する EQ は，陳述文の形式をもっていなければならない。(24B) の Cf. に挙げた文のように C は陳述文に対応する φ (cf. (30a)) でなければならない[4]。また，(25A) の yes-no 疑問文に対する EQ は，(25B) の Cf. に挙げた文のように yes-no 疑問文の形式を備えていなければならず，そして，(26A) の wh 疑問文に対する EQ は (26B) Cf. に示されるように wh 疑問文の統語構造をもたねばならない。すなわち，(31) の CP の部分が先行発話と同一で（凍結してい）なければならない。他方，(27)(28) から (31) の TP の部分に関して

---

[4] (24B2) の Cf. に挙げた Who likes chocolate worms? は（C に Q がある）通常の wh 疑問文とは異なり，C は陳述の φ である (31) の形式をもつものである。

は，先行発話をアレンジしてもよいことが分かる。EQ はこのように一見疑問文にみえるが，実は，通例の C に Q をもつ疑問文ではなく，(31) のように先行発話を取り入れ，そしてそれと同一の CP と柔軟な TP をスコープにとる特殊な疑問文であることを考えれば，通例の疑問文が従うべき規則には従わず，自由に文中の要素を焦点化していることが理解できる。

■ メタ言語的否定(MN)の特徴と分析[5]

1節でみた (19)〜(23) の先行する発話，想定を否定して訂正する MN は，いずれも英語の否定文形成規則 V〜IX の反例となるものであった。MN は以下に示されるように実に多様なものをその否定の焦点にとりうる。

(32) a. He didn't call the [pólis], he called the [polís].
  b. I didn't manage to trap two mongeese—I managed to trap two mongooses.
  c. I'm not Trotskyite, I'm a Trotskyist.
(33) a. Some men aren't chauvinists—all men are chauvinists.
  b. Chris didn't manage to solve some of the problems—he managed to solve all of them.
(34) a. They didn't have a baby and get married, they got married and had a baby.
  b. Mozart's sonatas weren't for violin and piano, they were for piano and violin.
(35) a. I'm not his daughter—he's my father.
  b. For a pessimist like you, the glass isn't half full—it's half empty.

---

5) MN の事実観察は文献①〜③によるものである。

(32) は，発音（(32a)），形態（(32b, c)）のような言語表現そのものを訂正する例であり，(33) は数量詞のもつ含意，(34) は（生起・優先）順序（位），(35) は視点を否定の焦点とした MN の例である。

　MN は，1 節でみたように自由に要素を否定できる（NPI に関してはできない）が，何ら制約に従っていないのかというとそうではない。(36B′) が示すように疑問文の MN は許されない。

(36) A: Did John manage to trap two mongeese?
　　　B: He didn't manage to trap two mongeese- He managed to trap two mongooses.
　　　B′: *Did John not manage to trap two mongeese- He managed to trap two mongooses.

また，(20) で MN が NPI を認可できない例を挙げたが，以下では可能である。

(37) A: So you've already trapped two mongeese.
　　　B: I didn't trap *any* mongeese yet. I trapped two mongooses.
(38) A: So you helped Mary with the baby on June 30.
　　　B: I didn't *lift a finger* for her on June 30 —I helped her on July 1.

　MN は，EQ ほど直接的ではなく，また，先行する発話のみならず他者あるいは自分の想定をも対象とする点で EQ より多様であるが，先行発話（想定）を繰り返し，一部に取り込んで，上のせする構造をもつ点で EQ と共通しているといえる。したがって，MN は以下のように表される。

(39) a. [NEG$_{MN}$ [$_{CP}$ φ [$_{TP}$…not FOCUS T…]]]
　　　b. [NEG$_{MN}$ [$_{CP}$ φ [$_{TP}$…T not(…)FOCUS…]]]
　　　c. [NEG$_{MN}$ [$_{CP}$ φ [$_{TP}$…FOCUS…T not…]]]

ここで NEG$_{MN}$ は，先行する発話あるいは想定をスコープにとりその中の要素（FOCUS）を否定する。また，否定するのは陳述であるため（(36)），φをもつ CP をとる。not は通例の文否定の not の現れる位置（T に関係づけられる位置）((39b, c))，あるいは，訂正する FOCUS の直前に現れる ((39a, b), (19)) が，(18) の場合と違い Pol ではなく，NEG$_{MN}$ に関係づけられる。そして，重要なことは，FOCUS がまさに話者が訂正したい要素そのものであるため，繰り返す FOCUS は修正してはいけない。このことから，(20) で NPI が生じないのに対し，(37)(38) ではそれが可能であることが説明できる。(20) は (40) を繰り返し，some に焦点を当てて訂正したものであるのに対して，(37A)(38A) から分かるように (37B)(38B) では，イタリックの NPI はそうではない。

(40) Chris managed to solve some of the problems.

C のφと FOCUS 以外に関しては，以下の例にみられるように話者が先行発話に手を加えることに問題はない。

(41) A: Mr. Clinton likes coffee.
　　　B: The president doesn't <u>like</u> coffee, he <u>loves</u> it.
(42) A: Two mongeese were killed by that serpent.
　　　B: Well, I think it didn't kill two <u>mongeese</u>, it killed two <u>mongooses</u>.

(41B) では，Clinton 氏を呼び変えられ，(42B) では，受動態から能動態へと変えられている。

アイロニー[6]

MN は明示的に否定語（not）を用いて表現するが，否定語を用いず

---

6) アイロニーの事実観察は文献⑦によるものである。

に先行発話，想定を引き合いに出し，いわば文脈によって否定する現象として，アイロニーがある。

(43) は，雨具を持たずに散歩に出かけた話者がどしゃ降りの中で発した場合，発話者に文字通りの意味を伝える意図はなく，明らかにアイロニー表現である。

(43) a. What lovely weather!
b. It seems to be raining.
c. I'm glad we didn't bother to bring an umbrella.

これらの文は，対話者あるいは自分が，家を出る時に実際に発した，あるいは，思ったこと（「なんていい天気だ」「（ちょっと）降っているようだ」「わざわざ傘を持っていかないでおこう」）を繰り返し言及し，状況（文脈）との明らかなズレや無関係さによりその発話に対する話者の態度を表したものである。つまり，アイロニーの解釈（効果）は，話者が述べた命題内容に対して距離をおいていること，すなわちその発話は命題内容を伝えるために使用されているのではなく，繰り返し言及されていることを聞き手が状況（文脈）に照らして正しく理解した場合にのみ可能となるのである。

以下の例も同様に分析できる。

(44) a. Go on Jeremy, your story's really interesting.
b. Of course all classical music sounds the same!
c. Brutus is an honorable man. (*Julius Caesar*, Act III, ii, Mark Antony の台詞)

(44a) は得意げに話をしている Jeremy に対してうんざりした話者がアイロニーとして発したものであるが，この場合 Jeremy の心中の見解 (My story is really interesting.) を繰り返し言及しているといえる。(44b) はクラシックファンの話者が退屈そうに聞いている聞き手に対して発したアイロニーであるが，これは，聞き手の気持ち (all classical music sounds the same) を繰り返し言及したものである。(44a, b) いずれも，聞き手はアイロニーであることに気づかない場合もありうる。(44c) は，Brutus の許可を得て民衆の前で行った Antony の Caesar の追悼のための演説中の台詞であり，演説中に6度繰り返されている。民衆は，最初これを文字通りに理解しているが，Caesar がいかにすばらしかったかという文脈を作り上げながら (44c) を差しはさんでいく Antony の演説により，Caesar を殺害した Brutas に対して次第に反感を覚えるのである。すなわち，これは，最初アイロニーに気づかなかった民衆に，文脈により，次第に (44c) が Antony の本心ではなく，Brutas の支持者の考えの繰り返し言及によるアイロニーであることを Antony の Brutas に対する敵対心とともに気づかせる例である。

アイロニーをこのように分析すると，2節でみたメタ言語的否定との共通性がみえてくる。メタ言語的否定は，繰り返し言及したものを否定のスコープ内に提示するものであり，(39) のように表されたが，アイロニーも同様に (45) のように表される。すなわち，アイロニーとは，否定表現の代わりに文脈で否定的態度を明らかにした一種のメタ言語的否定といえる。

(45) NEG-Context [CP [(...)FOCUS(...)]]

おわりに

本章では，コミュニケーションの手段である言語そのものにおいて，談話的要因として「発話の繰り返し」が疑問文，否定文といった文法規則にどのように組み込まれるのかを論じ，また，文脈を利用したその意図的な使用がアイロニー表現として効果的に使用されていることをみた。人間の言語能力は，かくも巧みに自在に言葉を用い，他者との豊かなコミュニケーションを可能にするものである。

引用文献

①Carston, Robyn, "Metalinguistic Negation and Echoic Use," *Journal of Pragmatics*, 25, 309-330 (1996).
②Horn, R. Laurence, *A Natural History of Negation* (Chicago and London: The University of Chicago Press, 1989).
③Iwata, Seizi, "Some Extensions of the Echoic Analysis of Metalinguistic Negation," *Lingua*, 105, 49-65 (1998).
④西岡宣明『英語否定文の統語論研究――素性照合と介在効果』くろしお出版, 東京, 2007年
⑤Sobin, Nicholas, "On the syntax of English echo questions," *Lingua*, 81, 141-167 (1990).
⑥Sobin, Nicholas, "Echo Questions in the Minimalist Program," *Linguistic Inquiry*, 41: 1, 131-148 (2010).
⑦Sperber, Dan, and Deirdre Wilson, "Irony and the Use − Mention Distinction," Peter Cole (ed.), *Radical Pragmatics*, pp.295-318 (New York: Academic Press, 1981).

第Ⅱ部

非言語的視点

ラトゥール作「いかさま師（ダイヤのAを持った）」
（1636-1638年頃）視線のドラマの読み取りの例

6 音楽的・聴覚的思考に基づく虚構的コミュニケーション

東口　豊
(美学・藝術学)

はじめに

　アリストテレスは『政治学』において，人間は「ポリス的動物」であると規定した。人間はその本性上，共同体を構成しその中で生きていく存在だというのである。そして，人間が共同体を構成しその中で生きざるを得ないとするならば，そこに生きる自己とそこで出会う他者に対する思索が生じ，その間を繋ぐコミュニケーションのツールが必要とされるだろう。その意味で，アリストテレスが人間を「ロゴスを持つ動物」と言い，理性によって思考し，言語を用いてそれを説明する存在だとした事は納得出来るだろう。

　確かに我々の日常において，言語によるコミュニケーションが主である。しかし，プラトンの『パイドロス』においてソクラテスが，

> 誰かが「鉄」とか「銀」とかいった語を口にするときには，全ての人が同じものを思い浮かべるのではないだろうか。
> …
> しかし，それが「正しい」とか「善い」とかいった語だとしたらどうだろう。めいめいが人によって考えを異にし，そしてぼくたちは，お互いにその意味を論議し合い，さらに自分自身でも，なかなか一定の見解をもつことができないのではないだろうか［文献①］。

と言うように，我々が日々使用する言語は必ずしも完全無欠なツールではない。我々は言語コミュニケーションにおいてしばしば誤解を起こし，コミュニケーションに破綻を生じさせることがある。それは，直接

第Ⅱ部　非言語的視点

的な対面コミュニケーションのみならず，メディアの発達によって可能となった間接的・仮想的コミュニケーションにおいて，さらに助長されているように思われる。完全なコミュニケーション・ツールやそれに基づいた理想的共同体の存在は考えるべくもないにせよ，そのようなロゴス（理性・言語）的コミュニケーションの限界と不全を，我々はいかに補完し，それを乗り越えようとしているのだろうか。本章では，とりわけ音楽による美的体験の有り様を参照しつつ，その事について自由に考察してみたいと思う。

1　言語不全と孤独な自己

再びアリストテレスを参照しよう。

> すべての人間は，生まれつき，知ることを欲する。その証拠としては，感官知覚（感覚）への愛好があげられる。…ことにそのうちでも最も愛好されるのは，眼によるそれ（すなわち視覚）である。…その理由は，この見ることが，他のいずれの感覚よりも最もよく我々に物事を認知させ，その種々の差別相を明らかにしてくれるからである［文献②］。

この『形而上学』冒頭の一節は，人間を理性的存在と捉えたアリストテレスが，視覚をその本質的な部分において最も重要な感覚としていることを示している。つまり，視覚と理性的思考との近さの指摘であり，学問（エピステーメー）における視覚の有用性への素朴とも言える礼賛である。この事は，彼の存在論を規定するものと言うことも出来よう。命題の構造を分析して術語（カテゴリー）を実体，量，性質，関係，場所，時間，位置，所持，能動，受動の10個に分類するが，その大部分が視覚的知覚によってもたらされることが分かる。そして，そのようなカテゴリーは存在規定へと敷衍され，言語構造と存在構造が並行関係の内に捉えられるのである。

しかしここで注意すべきは，主語＋術語構造における存在把握におい

6 音楽的・聴覚的思考に基づく虚構的コミュニケーション

て、カテゴリーはあくまでも付帯的属性に過ぎず、個物としての実体をそれ自身として言い表している訳ではないということである。視覚的なものを中心とした知性的分類とそれに基づく存在把握は、個物の個別性の捨象の上に成り立つと言って良いだろう。言語（ロゴス）の限界は理性（ロゴス）の限界へと直結してしまうのである。

　しかしながら、哲学の歴史を紐解けば、それは理性的思考の歴史と言うことが出来る。そして、理性的思考の持つ限界の歴史とさえ言えるのかもしれない。ルネ・デカルトの思想を引き合いに出してみよう。彼が『方法叙説』の中で、方法的懐疑によって一番最初にその真理性を否定してみせたのが感覚的な知だった。彼は「我々の感覚がときには我々をあざむくために」「感覚が我々の心に描かせるものは何物も存在しない」と想定したのである［文献③］。その後、幾何学的な知を、夢を引き合いに出して疑い、コギトを導き出すのである。その上でデカルトは、一旦否定した様々な知を「明証性」を基準として復活させていく。つまり、「我思う。故に我在り」と同じ程度に我々にとって明らかなことは真である、とする訳である。そのようにしてデカルトによって復活させられる真理の中に、『哲学原理』の中で明確に言われるような「延長する事物」としての物体がある。つまり空間における座標軸の中にある一定の長さ、幅、深さを持って排他的に位置するものが物体だ、と言うのである。デカルトはこのような「延長するもの res extensa」としての物体を、精神と並んで「実体」として認めるのだ。方法的懐疑によって一番最初に感覚を否定してみせるデカルトだが、最終的には視覚的に空間的に把握される、延長としての物体を実体と認定する点で、アリストテレス同様、視覚にある種の特権的地位を与えていると言うことが出来るだろう。

　しかし、ここで改めてコギトと物体の存在の「明証性」を比べるならば、それが同じレベルであるとは決して言えないだろう。デカルトの原理を厳密に適用するならば、完全に明証的な真理と言えるのは、思考する精神の存在のみのはずである。コギトとして立てられた原理を認識論

の中に組み込んだカントは，『純粋理性批判』の中で Ich denke. を感覚的知覚の多様性を結合する作用の基礎である「統覚」に据えたが，彼の認識論において認識されるのはあくまで主観の表象であって，「物自体 Ding an sich」ではない［文献④］。確かにデカルトの思想は近代的自我としての主体を確立させ，その後の思想に大きな影響を及ぼしたが，その一方で，世界に孤立する孤独な自己をも生み出したのである。

2 理性的・視覚的思考の限界

　前節で述べたように，言語の不全と孤独な自己を生み出した思考の根底に，視覚的な知覚様態が共通していることが分かるだろう。区別し，分類し，抽象化する言語と理性的思考の出発点に，西洋の思想は視覚を置くのが主流だったと言える。ではこのような思考の源泉となり，結果として言語不全と孤独な自己を生んだ「見る」という行為は一体どのようなものなのかを考えてみよう。視覚の持つ特徴を挙げると，触覚や味覚と違い対象と接触する必要がないこと（嗅覚や聴覚にも共通），刺激の量を意図的，反射的，双方から調節することが出来ること，視野が存在している，つまり認識できる範囲が限られていること（これは一転して，嗅覚や聴覚とは異なる）などが挙げられる。またアリストテレスの『形而上学』にもあるように，他の感覚よりも対象を詳細に識別することや，対象との空間的な関係性，つまり距離感や方向性を正確に把握することが可能である。試みに森林の中で目を閉じて様々に聞こえる音の出所がどこなのかを測ってみるといいだろう。いかに対象と自分との空間上の関係把握が，視覚の指導的な役割によってなされているかが分かるはずだ。

　このような視覚の特徴からどのような影響が考えられるのだろうか。まず，ニーチェが指摘するように，我々の思考にはある種のパースペクティヴィズムが存在する，ということである。唯一不変の客観的真理の存在を否定し，我々の思考や認識が主体の持つ視点にこそ制限される，もしくはそれをより積極的に表現すれば我々の生に帰属するものとして

6 音楽的・聴覚的思考に基づく虚構的コミュニケーション

唯一無二の独特なものであるという考え方は，ツァラトゥストラを介して背後世界による価値の基礎付けを批判し，あくまで自己超克を繰り返しつつ「大地の意味」として現世的な生の内に新たな価値を創出し続けよ，と主張するニーチェの思想にふさわしい表現なのだろう［文献⑤］。そこには遠近法の中心に観察者としての主体の存在が不可欠なのである。

また，視覚の持つ非接触的な性格は，このような主体と客体の分離と主体の孤立化を助長する。見る・見られるという関係性が，常に支配・隷属の関係を想起させ，主体を特権化する働きをなしていたことは想像に難くない。例えばハイデガーは世界に数多く存在する「存在者 Seidendes」の中から，存在者を見るものとして，そして存在者を通して存在そのものを問うものとしての「現存在 Dasein」を際立たせ，それを特別な存在として扱うのであった［文献⑥］。

しかし，視覚的思考において視覚の持つ性格で最も重要と思われるのは，視覚は視野や情報量など，知覚主体によって任意に決定することが可能だという点である。例えば私たちの視野は，およそ180度程度しかない。それはつまり，我々の視覚的把握が360度の世界をその都度の主体の判断によって切り取りつつ知覚するということに他ならない。フッサールは彼の現象学的方法について，常にあるものに対する知覚，あるいは思考というように，「志向性 Intention」を指摘したが，これも即ち我々の知覚や思考が，我々のその都度の主体的判断によって方向付けられていることを意味している。それはつまり，我々の思考が純粋で客観的な世界の把握ではなく，認識対象が持つ指向性と認識主体が持つ志向性の重なり合う所に，現象学的な本質の直感把握が成立すると考えるのである。それゆえに，そこで認識されるのは，あくまでも主体の任意の志向性によって切り取られた限りのものでしかあり得ない。我々は，その限りにおいて，我々の世界しか把握できない，ということになるのである。

このようにして見ると，視覚的思考の持つ限界は，常にそれが主体と

の関わりにおいてある,と言うことが出来るだろう。主体の主体性は,正に我々の知覚と思考の視覚性に関わりがあるのである。それは,視覚の持つ対象との距離の問題から主体を確立することにより,対象の認識や思考,行為の大部分を可能にするという面がある一方,常に主体を認識,思考,行為の中心に据えてしまい,そこからの志向的なパースペクティヴの範囲内の事柄しか把握することが出来ないという限界を持つ訳である。ニーチェが遠近法主義を唱え背後世界を否定する時,まさに自らの限定されたパースペクティヴの外部の世界については,語り得ないものとして切り捨てることになるのである。

　このように西洋的な思考が不可避的にはまりこんでしまうような,人間中心主義的な側面は,例えばデカルトの『方法叙説』において彼の実践的哲学が「我々自身を言わば自然の主人かつ所有者たらしめることが出来る」と語るように,自然支配へと繋がっていくだろう。それはデカルトによってもたらされたとされる機械論的自然観の末裔である近代的な自然科学やテクノロジーによって,自然の改変と破壊へと向かっていくことを意味する。ここで思い起こされるのは,ホルクハイマーとアドルノの共著『啓蒙の弁証法』にある「進歩は退歩に転覆する」というテーゼである。言語と理性的思考の抽象性は,人間の社会を合理的に発展させ,知識を増大させ,大いなる繁栄をもたらした一方で,共同体の内部で社会的階層と人間の序列化を生み,様々な矛盾と狂気をもたらしてしまうのである［文献⑦］。

3　聴覚的知覚の特性

　これまで,アリストテレスとデカルトをきっかけに西洋的な思考の問題を考察してきた。そして,西洋の存在論的な思考にはギリシア以来視覚性がその基礎にあり,その可能性と限界も視覚という知覚メディアの持つ特性と限界に負う所が大きいことを指摘した。視覚の持つ距離性や非接触性からは,主体性の基礎が,視野や情報量などの選択可能性からは,志向性に基づく思考の恣意性とパースペクティヴィズムによる主体

の特異点的特権性が導き出されるのである。さて，そのような特性に基づく視覚的存在論が，必然的に anthropocentrism に向かっていくのは分かるだろう。しかし，筆者は人間中心主義で功利主義に陥る可能性を持つ思考とは異なる前提，異なるベクトルで思考を展開したいと考える。そこで出てくるのが聴覚，そして聴覚をメディアにする藝術形式である音楽的経験を基礎とした思想を構築することである。

　まず，聴覚の性質を簡単にまとめておこう。聴覚は視覚と同様，非接触的・距離的な感覚である。その点では視覚と同じく主体と他者を分離するような傾向があるように思われる。しかしながら，音の聴取はある一面では触覚的でもある。ロックなどのライブに出掛けた際の，アンプを通して増幅された大音響や重低音は，聴覚が通常の場合と異なり極限的な状態に突入する場合であるが，それは聴覚が一種の触覚的な知覚であることを我々に教えてくれる。聴覚はそもそも鼓膜に対して空気の振動が接触した時に起こる知覚なので，原理的に言っても触覚的性質を持っている。このように聴覚は，接触・非接触の中間に位置する感覚だと言うことが出来るだろう。それから，視覚とのもう一つの対比点は，それが360度の感覚だということである。視覚が視野を持ち，世界から視野を切り取りつつ，背後の世界に対しては存在を無にしているのに対して，聴覚においては身体の前後に関わりなく知覚することが可能である。感覚的刺激を受容したあとで，脳内でその感覚的情報を処理する際には聴覚にも志向性が働くが，それ以前に感覚メディアとしての聴覚においては志向性は存在しないと言っていいだろう。さらに，聴覚は視覚のように意識的にまぶたを閉じることによって感覚的刺激の受容をシャットアウトすることが不可能で，原理的にはそれ自身で耳から入る情報を完全に遮ることは出来ない。例えば，テレビのクイズ番組で，回答者に答えが分からないようにするためにヘッドフォンを掛けさせるシーンなどを目にすることがあるが，聞かせたくない聴覚的情報を与えないようにするために，全ての音を聞こえないようにするのではなく，むしろ逆に圧倒的な音響を与えることによって聞かせたくない音声が聞

こえないようにする訳である。このことからも，いかに聴覚を完全に塞ぐことが困難であるかが理解出来るだろう。

4 音楽的・聴覚的思考の直接性と音楽言語の内面性

さて，このような性質を持つ感覚から考えると一体何が言えるのだろうか。それを考えるためにも，聴覚の特性を最も先鋭的に使用していると思われる藝術形式の音楽について語られたいくつかの言説を参照してみたいと思う。

> 画家が自然の輪郭や色を模倣するのにひとしく，音楽家も声の調子やアクセント，休止，抑揚を模倣するが，要するにそれらすべての音の助けで自然そのものが感情や情念を表現するのである。すでに述べたように，これらすべての音にはわれわれの心を動かすすばらしい力がある。これらは自然から活力をうけとり，自然によって設けられた情念の記号なのだから［文献⑧］。

ジャン゠バプティスト・デュボスが1719年に書いた『詩と絵画に関する批判的考察』において，音楽と自然（この場合には自然という言葉が外的な自然というよりはむしろ内面性の意味で用いられているが）との間に模倣関係が成り立つとされている。今日の我々が考えるならば，少なくとも造形藝術に関してなら模倣ということが言えるだろうが，音楽については多少の留保がいるだろうと思われるかもしれない。しかしながら，ここでデュボスは音の響きの中に自然そのものが現れると語り，しかもそれが我々の心を動かすのだと言うのである。

このようなデュボスに対して，より鮮明に模倣を主張したのが，1746年のシャルル・バトゥーによる『同一の原理に還元された諸藝術』である。この著作は，美学史上初めてほぼ完全に今日的な形で「藝術」という類概念を提出した著作であるが，この表題で言われている同一の原理こそが正に「模倣」である。

芸術が自然の模倣者であるとしても，それは自然の盲目的な模写ではなく，賢明で，見識のある模倣でなければならない。しかしまたこの模倣は対象や特徴をえらび出し，それらを無理がないようにまったく完璧に提示すべきである。一言でいえばそれは，自然がそこに見いだされるような模倣であるが，その自然は，それ自身あるがままの自然ではなく，ありうる自然，精神によって思い描かれた自然である。

これら（※筆者註：拍子，テンポ，メロディ，和声などの音楽上の規則）は決して音の自然な意味を破壊したり変更するのではない。これらはその意味に輝きを加え，より大きな力と魅力を与えることで意味を強めるためだけに働くのである［文献⑨］。

　ここでは音楽を含むあらゆる藝術が自然を模倣，それも単に自然の外見を模写するのではなく，精神によって美化され，その意味や感覚的魅力を強める形で自然模倣がなされるのだという考えが出てきている。ここで模倣という言葉が用いられてはいるが，既にこの頃の啓蒙主義時代のフランスにおける模倣概念はある意味，我々が今日むしろ感情表現といった言葉で言い表すような意味が込められていたのであった。とりわけ音楽においては，その感情に訴える力が強調されて述べられている。同時代人のシャバノンにおいても，音楽は我々の心に直接的に働き掛けるので，音楽の印象と我々の感情が同化させられるのだとされているが，18世紀の音楽論において音楽が自然の記号，あるいは言語として，人間の情念を直接的に表現するという点で共通しているのは注目すべきである。さらに，同時期のドイツにおいてヨハン・マッテゾンは音楽を修辞学的な観点で捉えた上で，音楽を情念の言語として体系的に考察するのである。

　このような感情との直接的な関わり，内面と外面の問題は，ショーペンハウアーやヴァーグナーへと継承されていく。ショーペンハウアーは世界を根源的に突き動かすものを追従的，あるいは不条理な生への意志

と捉えた上で,「音楽は,意志全体の直接の客観化であり,模写なのであって,音楽はこの直接という点にかけては世界それ自体と同じほどに直接なのであり」また「多様に現象して個物の世界を形成しているあの数々のイデアと同じほどに直接」的なのだと考える［文献⑩］。音楽は決して他の藝術のようにイデアの模写なのではなく,意志それ自身の模写である。そして,音楽の与える効果は他の藝術の与える効果よりも格段に強力で,またはるかにしみ入るように感動的であるというのも,正に音楽が意志それ自身の模写であるせいに他ならないのだ,と主張するのである。彼にとっては,他の藝術は影について語っているだけだが,音楽は本質について語っていて,それだからこそ音楽は無意識的な形而上学の練習になるのだと考えているのだ。音楽は世界の根源である生の意志そのものであり,またそれだからこそ深い感情を直接的に喚起するものだと考えるのである。

　このようなショーペンハウアーの思想をより具体的な音楽の場に引き戻したのがヴァーグナーであった。彼はショーペンハウアーが語った生への意志の表現を,生への不安に満ちた直接的な叫びだと読み替えた上で「音楽においては,外界が実に類なく明晰に我々に語りかける。外界が音響作用により,聴覚を通じて,我々が自身の最も深い心奥から外界に呼びかけるのと全く同じものを,我々に伝えてくれるからである」と語るのである［文献⑪］。ヴァーグナーにとっても,ショーペンハウアーと同様に,音楽が世界の本質を直接的に提示するのであり,それは我々の内と外を,世界の表象と根源を正に聴覚を通して直接的に結ぶものだったのである。

　ここまで論じてきて,我々に言えることは,聴覚というメディアが間接的であると同時に直接的であるという点と,世界の根源の直接的な表現であると同時に模写であるという点が重なり合うということである。このことによって,恐らく音楽が我々の精神の内と外,世界の根源と表象,人間と自然を結ぶ媒介になり得ているのだと思われる。そして,聴覚の持つ全方向的な性格は,それが視覚とは異なりその知覚において主

観的選別の志向性が介在しないために，認識世界における自己のポジションを曖昧なままにしておける，あるいはある意味非中心であり得るという事へと繋がると言えるのではないだろうか。音楽は我々の内なる精神をその限定を超え，その外部へと向かわせる力を持つと考えられているのである。

おわりに

音楽について，しばしば「国境を越えた言語である」とか「歌は世につれ，世は歌につれ」などと言われることがある。音楽が持つ，非概念的で直接的な言語性は，理性的思考がもたらした社会の分節化やコミュニケーションの不全を補完し，自己と他者との直接的な関係性の構築へと向かわせる可能性を秘めていると言うことが出来るのかもしれない。具体的な例を挙げてみよう。1969年8月15日から17日の3日間，アメリカ・ニューヨーク州郊外でウッドストック・フェスティバルが開催された。当初入場料は18ドルであったが，40万を超える若者が殺到し，途中から無料のロックフェスティバルへと変わっていく。1960年代後半，ベトナム戦争の泥沼化やフラワームーブメントが隆盛する中で，愛と平和をスローガンにしたこのロックフェスティバルは，当時の若者の想いや社会に対する批判，文化をロックという音楽ジャンルを核として結合させた。その有り様はマイケル・ウォドレー監督，マーティン・スコセッシ編集のドキュメンタリー映画『ウッドストック〜愛と平和と音楽の3日間〜』の中に生々しく記録されている。このウッドストック・フェスティバルに関しては，あまりに麗しく美化された伝説的な言説が多く，話半分に聞かなければいけない部分も多い。しかし，従来の価値観や制度から逸脱しようとした若者たちが，独自のジェネレーションとコミュニティーを形成し，かりそめの自由と連帯感を享受したのは確かであろう。音楽はそのような既存の社会や制度，価値観などを越えた別種のコミュニケーションと共同体を可能にする。

勿論，そのような音楽を中核にして形成される連帯感やコミュニケー

ションは永続的なものではあり得ない。フェスティバルが終了すれば，そこには大量のゴミが残された丘だけが残り，人々は日常に帰っていく。また，ロックの歴史を紐解けば，ウッドストックが味わわせてくれた連帯感や理念は，現実世界において実現可能な物では決してなく，虚構であり，一時の夢であった。しかし，そもそも藝術とはそのようなものなのである。合理的な社会において，全体と個，人間の社会的・経済的序列に引き裂かれた現実の生において，フィクションながら理想的コミュニケーションと人間同士の繋がりをもたらすのである。

引用文献
① プラトン，藤沢令夫訳『パイドロス』岩波文庫，1967 年
② アリストテレス，出隆訳『形而上学』岩波文庫，1959 年
③ 野田又夫責任編集『デカルト』(世界の名著 27) 中公バックス，1978 年
④ カント，篠田英雄訳『純粋理性批判』岩波文庫，1961 年
⑤ ニーチェ，吉沢伝三郎訳『ツァラトゥストラ』(ニーチェ全集 9・10) ちくま学芸文庫，1993 年
⑥ 原佑責任編集『ハイデガー』(世界の名著 74) 中公バックス，1980 年
⑦ ホルクハイマー・アドルノ，徳永恂訳『啓蒙の弁証法』岩波文庫，2007 年
⑧ デュボス，木幡瑞枝訳『詩画論』玉川大学出版部，1985 年
⑨ バトゥー，山縣熙訳『芸術論』玉川大学出版部，1984 年
⑩ 西尾幹二責任編集『ショーペンハウアー』(世界の名著・続 10) 中公バックス，1975 年
⑪ Wagner, Richard, *Beethoven*, in *Richard Wagner Sämtliche Schriftern und Dichtungen*, Bd. 9, (Lerpzig: Breitkopf & Härtel, 5. Aufl., 1911).

7 視線コミュニケーションの基盤

三浦 佳世
（心理学）

はじめに

「目は心の窓」と言われる。目にはその人の心が映し出されているという意味で使われる。出典は『孟子』とされ，「胸中正しければ，すなわち眸子（ひとみ，目つき）明らかなり。胸中正からざれば，すなわち眸子暗し」とある。おどおどした視線や宙を泳いでいる視線は隠蔽や不安を伝え，眼光鋭い視線や直視する視線は意志を感じさせるのだろう。わたしたちは気付かずに自分に関する情報を，目によって発信している，ということになる。

もちろん，意図して目で情報を発信することもある。原始時代に集団で狩りをする際，声を立てず，目配せをして，一斉に大きな動物にかかっていったであろうことは十分，推察できる。言葉を獲得した今の時代においても，目配せや流し目，まばたき，アイコンタクトによって，情報のやりとりが行われることは珍しくない。

目を「窓」に例えるのは，窓から部屋の中の様子が見えるという意味においてだけでなく，部屋から外を見る開口部であるという意味でも正しい。発信された情報を読み取るのも目だからである。情報を発するのも目，情報を読み取るのも目，という相互性は，他の感覚器官，すなわち，耳や口，鼻にはなく，五感のうちでも視覚特有の特徴と言える。また，相手の目の発信した情報が見た人の感情を喚起し，その感情の現れた目を，再び，情報を発信した相手が読む，という円環状の関係も生まれる。「見る−見られる」の関係は一方的にとどまらない。

第Ⅱ部　非言語的視点

1　視線と進化

　比較認知科学者の小林は，目の形態に注目し，動物は視線方向に気付かれないように，目の形状を進化させてきたと指摘する［文献①］。彼女の示す霊長類の例では，リスザルは白目（強膜の露出部分）がない上に，目の形状がまん丸なので，移動した視線方向が分かりにくい。ウーリーモンキーに至っては，白目の部分がないだけでなく，目が顔の色と同色なので，その位置さえ分かりづらい。

　どこを見ているかが分かるということは，どこを見ていないかが分かるということでもある。相手が敵である場合，このことは隙のある方向を知らせることでもあり，捕食される危険性とつながる。一方，えさにしようと他の動物を狙う際にも，視線を向けていることが分かると逃げられ，捕食の機会を失いかねない。どこを見ているかが分からない方が，捕食するにも捕食から逃れるにも有効であるに違いない。

　ところが，ヒトは目の形態を別の方向に進化させてきたと小林は指摘する。ヒトの目は横長の眼裂を持ち，しかも白目部分の面積が広い。横長の眼裂によって左右に広い視野を獲得したことは幸いだったが，白目と黒目というコントラストの高い目を移動させるのだから，遠目からでも視線方向が認知されやすい。小林は，ヒトは「見せる目」をもった，と表現している。異種の動物に視線を隠すよりも，同種の他個体と視線によるコミュニケーションを発達させる道を選んできたのだろう。

　ただし，この進化方向は，危険と背中合わせである。犠牲を払ってまで「見せる目」をもったことは，視線方向や意味，目が示唆している感情に敏感でなくてはならない［文献②・③］。実際，私たちは目玉模様にも，視線方向にも，また，それが示している意味や感情にも鋭敏である。

　ここでは，コミュニケーションの中でも，ヒトの視線コミュニケーションに注目し，その基礎的な特徴を見ていくことにしよう。

2 目玉模様の効果

　目玉模様の力を示す面白い例がある。目玉コーンと呼ばれる三角錐のコーンである。三角錐のコーンに片目の模様を付けただけだが，障害者専用の駐車場に置くと，不法駐車が減るという。これにはいくつかの理由が考えられる。まず，目玉模様は注意を引くという点である。注意を引くことによって，それが特別の駐車スペースであることを気付かせる。さらに，目玉模様は威嚇や監視などの意味をもつ。不法駐車しようとした人は監視されているような気がし，さらには，非難されるような感覚をもつのだろう。単純な目玉模様でも，「目は口ほどにものを言う」のである。

　眼状刺激の威嚇効果は，昆虫などの眼状紋にも当てはまる（図7-1）。動物の擬態は本来，周囲の環境に自らをまぎらわせ，存在自体を目立たなくさせるものだが，目玉模様が注意を引くだけであれば，わざわざ目玉模様を身体にもつ生態学的妥当性はない。他の強い動物に似せて威嚇する，という効果をもっていることが考えられる。たとえば，フクロウ蝶はフクロウの姿に似せて敵を威嚇し，スズメガの幼虫はヘビの目に似せて敵を脅すのだろう。そうだとすれば，似せた動物の目のサイズに類した眼状紋をもった場合に，最も敵から身を守ることができるはずであ

図7-1　フクロウ蝶の眼状紋

る。城田はそう考えて,カイコにさまざまな大きさの目玉模様をつけ,椋鳥の前において,危険性を確かめてみた［文献④］。すると,ヘビの目サイズよりもはるかに大きな目をもつカイコの方が,椋鳥の攻撃から身をかわせることが分かったのである。

この結果から,城田はスズメガなどの眼状紋は,ヘビに似せて恐怖心を喚起するのではなく,むしろ,見慣れないもの,曖昧なものに対する忌避によって,攻撃を免れているのではないか,と考える。もちろん,目玉模様の特殊性も否定できない。

社会学者のカイヨワは眼状紋そのものが不安や眩暈をもよおし,催眠効果をもっていると主張する［文献⑤］。すなわち,眼状紋は目に似ているから威嚇作用をもつのではなく,目が眼状紋に似ているから威嚇作用をもつようになったというのである。そうであれば,どのような配置であれ,眼状紋であれば効果をもってもよさそうである。しかし,コスは眼状紋の配置によって,その模様を見た人の瞳孔の大きさが変化することを報じている（図7-2）［文献⑥］。横並びの眼状紋がより大きな影響を示したのは,やはりその配置が目に似ているからだろうか？

コスの用いた眼状刺激は,カイヨワが指摘したような同心円の刺激で

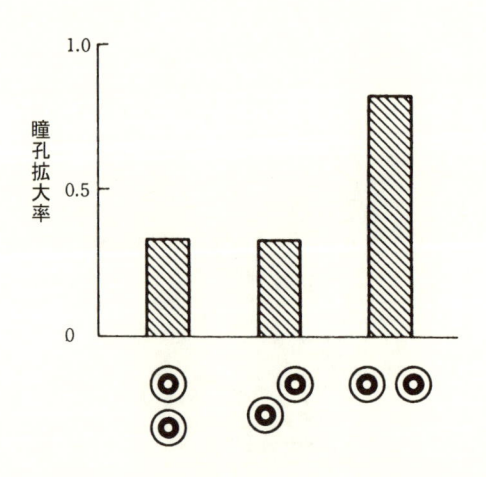

図7-2 眼状紋に対する瞳孔の拡大率（文献⑥に基づき改変）

あり，開いた瞳孔をもった目のようでもある。瞳孔は暗くなると光を集めようと散瞳するが，交感神経の影響も受けるため，関心や愛情をもつ対象を見たときや攻撃的な感情をもったときにも拡大する。拡大した瞳孔は黒目中央部のより黒い部分（開口部）が大きくなり，魅力的に見えたり，強さが加わったりするのだろう。そうした目の表情が，見る者に再び感情を喚起させるという循環も生じるに違いない。

3 視線による注意の捕捉

道路を歩いていて，誰かが上を見上げているのに気付くと，思わず，上を見上げてしまうことがある。人々の視線の先に何があるのだろう，と確かめるためだと思われるが，実際には，もっと反射的な行動なのかもしれない。他者の視線方向に思わず注意が向くことを実験的に検証したのが，視線キューイングの一連の実験である。

フリースマンとキングストンは図7-3のような模式的な顔を使って［文献⑦］，また，ドライバーは実際の顔写真を使って［文献⑧］，それぞれ視線方向（キュー）に提示された刺激（彼らは文字を使用）の検出や同定が促進されることを示している。

手がかり（キュー）を出した後，わずかな時間をおいて反応すべき刺激（ターゲット）を提示し，ターゲットへの反応時間や正答率などを調べる実験方法はキューイングと呼ばれるが，キューを出してからターゲットを出すまでの時間間隔が短いとき（たとえば，100～300ミリ秒）

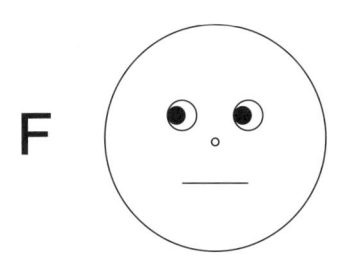

図7-3　視線キューイング実験の刺激（文献⑦に基づき改変）

第Ⅱ部　非言語的視点

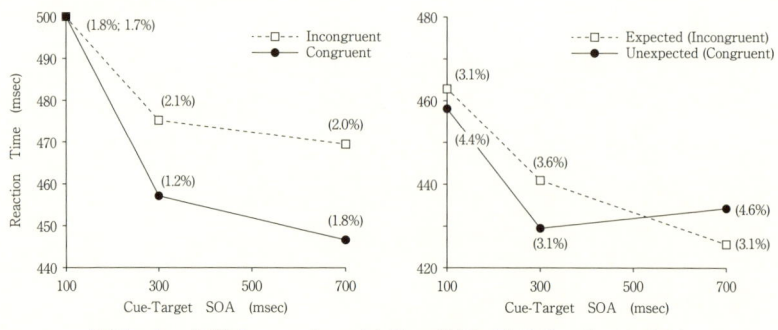

図7-4 視線キューイング実験の結果（文献⑧に基づき改変）

は，一連の情報処理が注意機能が働く前の前注意的，無意識的，自動的なものとされ，長いとき（たとえば，700ミリ秒〜1秒）は，注意の向けられた意識的な処理だと考えられている。視線をキュー（手がかり）とした視線キューイングの実験では，短い時間間隔においてターゲットは視線方向の影響を受けることが示されていて，視線方向に注意が向くのは自動的，反射的，無意識的な行動だと考えられている。

一方，ドライバーらは教示で，視線方向とは反対側に主にターゲットが出ると伝えておいて，実際に4倍の確率でそのように提示したところ，キューを出してからターゲットが出るまでの時間が700ミリ秒と長い場合には，教示に対応して，視線と反対側に出たターゲットへの反応の方が速かったと報じている。十分な準備時間があれば，視線から意識的に注意をそらすこともできるということになる。しかし，キューとターゲットの時間間隔が300ミリ秒と短い場合には，教示にもかかわらず，視線方向に提示されたターゲットへの反応の方が，速くて正確だったとも報じている（図7-4）。視線方向に目が向く反応は，基本的には自動的な反射行動だが，時間にゆとりがある場合には，意識的にコントロールすることもできる，ということになる。

4　視線方向の判断の正確さ

視線は自動的に注意を引くだけでなく，視線方向の判断もきわめて正

確であることが知られている。ギブソンとピックは2m離れて向き合った人が自分の方を見ているか，それとも別の方向を見ているかを尋ねる実験を行った［文献⑨］。その結果，顔の中央から視角にして3度（ほぼ顔幅）ずれると自分の方を見ていないと判断することを発見した。このときの黒目の位置の移動距離からすると，視力の限界値と一致する。

　ギブソンらの実験から40年後，佐藤と松嵜は視距離を9mまで延長して追試を行った［文献⑩］。その結果，9mでも正しい判断ができ，視線方向の判断は黒目の位置ずれをもとにした視力の限界を超えることを見出した。彼らはギブソンらと異なり，図7-5のような目を模した刺激を用いて実験を行ったのだが，視線方向の検出能力は刺激がクリアであることを必要としなかった。図7-5の右端のようなぼけた視線刺激に対しても正確さは変わらず，むしろ，その方が若干ではあるが，さらに正確な判断ができたという。この結果は，視線方向の検出が視力，つまり，黒目の位置ずれの検出に基づくという考え方では説明がつかない。9mの距離では到底，黒目と白目の境の位置の変化は確認できないからである。このため，彼らは視線方向の判断は一般的な視力で表されるような解像度の高さに依存するメカニズムではなく，解像度は低いが処理の速い低空間周波数チャンネルによって行われているのだろうと推察している。

　人の目や脳には，解像度は低いが広い範囲の情報を素早く処理する細胞と，解像度は高いが狭い範囲の情報をより長い時間をかけて処理する細胞がある。前者は低空間周波数チャンネル，後者は高空間周波数チャンネルに対応するが，視線方向の判断は後者ではなく，前者によると言うのである。このことは視力がまだ上がらず，低い解像度の目をもつ乳

cut-off frequency = 16.8c/ew　　cut-off frequency = 8.4c/ew　　cut-off frequency = 4.2c/ew

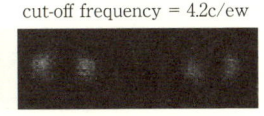

図7-5　視線方向検出実験の刺激（文献⑩に基づき改変）

第Ⅱ部　非言語的視点

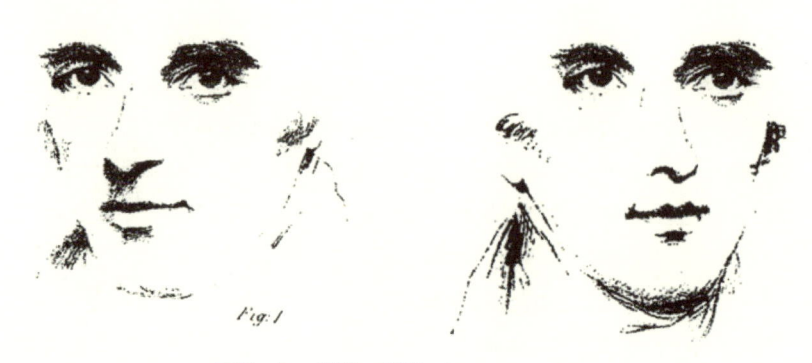

図7-6　視線の錯視（Wollaston, 1824）

幼児においても母親の視線を正しく追従できることと関係しているのかもしれない。

　ところで，視線方向の判断はきわめて正確なのに，背景情報が加わると視線方向の変化する錯視がある（図7-6）。視線の方向判断の鋭敏さと矛盾するようであるが，低空間周波数処理は広域情報の処理に関わるので，周囲の情報の影響を受けやすいのだろう。日常生活においても，眼の方向だけではなく，視線に関しては，顔や身体の向き，表情を合わせて知覚し，その意味や感情を察知しているものと思われる。複数の情報を統合することによって，より正確で深い判断を獲得することができるのだろう。

　一方，どこから見ても，視線を向けられているように見える絵がある。イコン錯視あるいは肖像画錯視と呼ばれている。イコンとはロシア正教などでキリストや聖母を描いた絵のことである。これらの絵では目の周りの影の付け方に工夫がある上，瞳孔が真ん中に描かれている。自分を見る眼は瞳孔が中央に来るため，そうした絵はどこから見ても，絵の中の人物が自分を見ているように見える，と考えられている。

5　視線の解釈と感情喚起

　イコンのように直視する視線に愛情や叱責を感じたり，あるいは，逸

らされた視線に批判や軽蔑を感じて動揺することもあるだろう。温かな視線，冷たい視線という表現は，視線に対し，ほっとしたり，冷やっとしたりすることを示すものであり，「糸屋の娘は目で殺す」という古歌も，目のもつ強い感情喚起能力を示すものである。視線は感情の喚起と深く関わっている。

　視線に対する感情は，現実の人間関係に対してだけでなく，絵画の中の人物に対しても生じる。たとえば，マネの描いた「オランピア」(図7-7)では，ベッドに横たわった裸婦が鑑賞者を直視する。この絵は初めて展覧会に出されたとき，さまざまな非難を浴びたという。ヌードの女性から直視されることに戸惑をおぼえた鑑賞者が，自分の感情を絵の技法やモチーフに対する批判に転嫁したのかもしれない。マネの描く人物は，オランピアに限らず，常に印象的な視線をもっている。

　ところで，視線の解釈とそれに伴う感情喚起は，脳のネットワークに基盤をもつと考えられる。高次視覚脳である上側頭溝（STS: superior

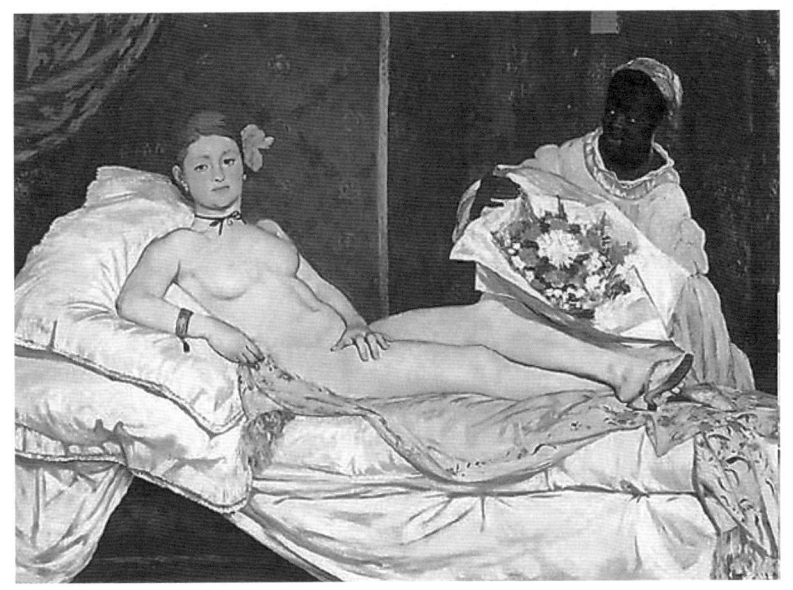

図7-7　マネ作「オランピア」(1865年)

temporal sulcus）には他者の視線方向（正視あるいは逸視）に特異的に反応する神経細胞や，顔や身体の向きに反応する細胞が存在する［文献⑪］。こうした細胞はまた，他者の意図の知覚［文献⑫］や模倣［文献⑬］にも関与しているとされ，これらの細胞の近くには感情とりわけ嫌悪刺激や不安感情に関わる扁桃核が存在する。さらに，前頭葉へのネットワークも指摘されている。こうした細胞のネットワークが，視線方向の素早い知覚と解釈，感情の喚起と直結しているのだろう。

6 視線と支配

見られることはそれだけで支配やそれに伴う自由の制限といった感情につながることも指摘されている。たとえば，哲学者のフーコーは「監獄の誕生」において，功利主義者ベンサムの示した「一望監視施設（パノプティコン）」を取りあげている［文献⑭］。一望監視施設とは中央の塔の周りに円環状に独房を廃した囚人の収容施設で，中央の塔に一人の監視員を置く。囚人は不可視の監視員の，いつ見ているとも分からぬ視線を内面化することによって，常に見られる存在として自らを服従の立場へと位置づけていく。

同様の構図を，フェミニストは男女の関係にあてはめる。たとえば美術評論家ポロックは近代の絵画において，常に男性は「見る」，女性は「見られる」という構図で描かれ，支配する男性と支配される女性，あるいは能動的な男性と受動的な女性という枠組みで表現されてきたと指摘する［文献⑮］。バージャーはそうした関係性のもとでは，女性は自ら見られる存在として，「光景（a signt）」になると述べている［文献⑯］。しかし，カーンはやはり近代絵画を引用しながら，同じ構図に異なる解釈を行っている［文献⑰］。彼が「プロポーズの構図」とよぶ配置では，見られる女性は2つの目でより広い地平を見ているのに対し，見る男性は横を向いて単眼で女性のみを見てプロポーズしている。彼によると，女性はいつだってあらぬ方に目を逸らし，他のことを考えていて，要するに男性の方を見る気がなかったのだ，と言う。確かに，絵の

中の女性は「見られる性」であるとともに，あらぬ方を「見る性」でもある。絵の中の男性は「見る性」であるとともに，見ている対象に縛られている性でもある。「見る－見られる」の構図は解釈次第の両義性をもち，描かれた時代・見る時代に左右され，描く人・鑑賞する人を照らし出す。

7 視線コミュニケーションの障害

さまざまな解釈が可能な視線に対し，特定の解釈に限るのが，視線恐怖の本質なのかもしれない。視線恐怖には，他者から見られることを恐れる他者視線恐怖と，自らの目つきや視線の鋭さが他者に不快感を与えるのではないかと恐れる自己視線恐怖とがあると言われるが，それらが目そのもの（眼状紋）への恐怖でないのであれば，他者の視線に対する根拠の稀薄な解釈や感情の偏りとも考えられる。

他方，自閉症児は視線に対し無頓着で，視線に限らず，コミュニケーションが困難であると言われている。バロン・コーエンによると，自閉症児も健常児と同様に正しい視線方向を検出できるが，視線の向けられ

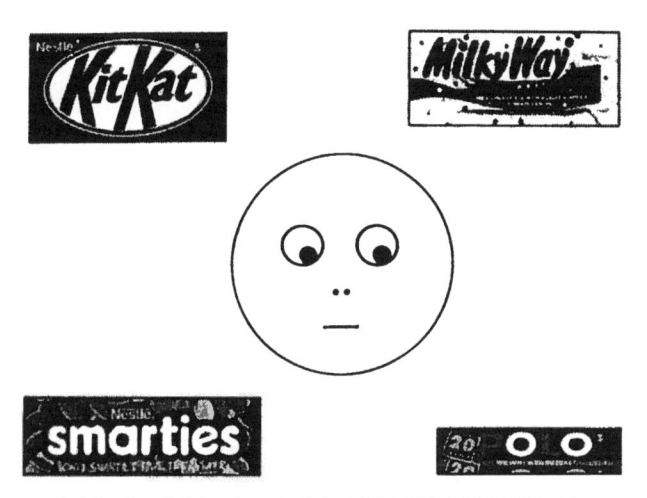

図7-8　視線方向の知覚と意味の理解（文献⑱より）

た対象と視線とを結びつけ，他者の意図を引き出すことが困難であると言う［文献⑱］。自閉症児に，図7-8の中央の子供がどこを見ているかと問うと，健常児と同様に視線方向にある菓子を正しく指摘できるが，子供がどの菓子に興味があるのかと問うと，答えられなくなるという。コミュニケーションの障害が神経症であれ，自閉症であれ，視線との関わりをもっていることは注目される。

おわりに

眼状刺激に敏感であっても，視線方向の検出が正確であっても，見る主体と見られる客体を関係づけ，その背後にある意図や感情を偏りなく推察することができなければ，視線情報をコミュニケーションに役立てることはできない。目や視線は，自己と他者，それらを取り巻く環境や文化のあり方を示す心の「窓」に他ならない。時には，窓に意識を向けて，そこから人間について考えてみてはどうだろうか。

引用文献
①小林洋美「「見る目」から「見せる目」へ——ヒトの目の外部形態の進化」『生物科学』54, 2002年, 1-11頁
②三浦佳世「視線の構造」, 北山修編『共視論——母子像の心理学』講談社, 2005年, 129-158頁
③三浦佳世「視覚と芸術をはかる：浮世絵の視線が物語ること」, 友枝敏雄編『心と社会をはかる・みる』九州大学出版会, 2005年, 66-86頁
④城田安幸『仮面性の進化論——目玉模様に憑かれた人たち』海鳴社, 1985年
⑤Caillois, R., *Méduse et cie* (Paris: Gallimard, 1960). (中原好文訳『メドゥーサと仲間たち』思索社, 1975年)
⑥Coss, R. G., "The perceptual aspects of eye-spot patterns and their relevance to gaze behavior," S. J. Hutt, and C. Hutt (eds.), *Behaviour studies in psychiatry*, pp. 121-147 (London: Pergamon, 1970).
⑦Friesman, C. K., and Kingstone, A., "The eyes have it! Reflexive orienting is triggered by nonpredictive gaze," *Psychonomic Bulletin and Review*, 5, 490-495 (1998).
⑧Driver, J., Davis, G., Ricciardelli, P., Kidd, P., Maxwell, E., and Baron-Cohen, S., "Gaze perception triggers reflexive visuospatial orienting," *Visual Cognition*, 6, 509-540 (1999).

⑨Gibson, J. J., and Pick, A. D., "Perception of another person's looking behavior," *American Journal of Psychology*, 76, 386-394 (1963).
⑩佐藤隆夫・松嵜直幸「視線の知覚における観察距離と解像度の効果」『ヒューマンインタフェース学会研究報告集』2 (2)，2000 年，127-131 頁
⑪Emery, N. J., "The eyes have it: the neuroethology, function and evolution of social gaze," *Neuroscience and Biobehavioral Reviews*, 24, 581-604 (2000).
⑫Saxe, R., Xiao, D. K., Kovacs, G., Perrett, D. I., and Kanwisher, N., "A region of right posterior superior temporal sulcus responds to observed intentional actions," *Neuropsychologia*, 42 (11), 1435-1446 (2004).
⑬Decety, J., Chaminade, T., Grezes, J., and Meltzoff, A. N., "A PET exploration of the neural mechanisms involved in reciprocal imitation," *NeuroImage*, 15, 265-272 (2002).
⑭Foucault, M., *Surveiller et Punir: Naissance de la prison* (Paris: Gallimard, 1975). (田村俶訳『監獄の誕生――監視と処罰』新潮社，1977 年)
⑮Pollck, G., *Vision and Difference: Femininity: Feminism and the History of Art* (London, NY: Routledge, 1988). (荻原弘子訳『視線と差異――フェミニズムで読む美術史』新水社，1998 年
⑯Berger, J., *Ways of Seeing* (London: Penguin Books Ltd, 1972). (伊藤俊治訳『イメージ：視覚とメディア』PARCO 出版，1986 年)
⑰Kern, S., *Eye of Love: The Gaze in English and French Paintings and Novels 1840-1900* (London: Reaktion Books, 1996). (高山宏訳『視線』研究社，2000 年)
⑱Baron-Cohen, S., Campbell, R., Karmiloff-Smith, A., and Grant, J. "Are children with autism blind to the mentalistic significance of the eyes?," *British Journal of Developmental Psychology*, 13, 379-398 (1995).

8 表情を利用したコミュニケーション能力の測定

中 村 知 靖
（心理学）

はじめに

　人間が社会生活を送るうえで他者とのコミュニケーションは重要である。大坊によれば，コミュニケーションは伝達手段により，大きく言語的コミュニケーションと非言語的コミュニケーションに分類される［文献①］。特に非言語的コミュニケーションには，視線，ジェスチャー，表情，対人距離，空間行動，外見，被服，化粧など数多くのチャンネルが存在する。多様なチャンネルが存在する非言語コミュニケーションにおいて，表情は情動（感情）の伝達手段として重要な役割をもつ。他者に対する喜び，怒りなどの情動（感情）を適切に表出し，それを認知することは円滑な対人関係を維持するうえで重要である。

　近年，職場や教育現場において情動性知能が注目されている。これは自分自身や他者の情動を認識したり，表出したり，また理解したり制御する能力のことである。ザンスらによれば，教育現場において子どもの情動性知能が学校内での友だちどうしや教師と生徒の関係に影響を与え，さらには学業成績や非行行動などに影響していると考えられている［文献② pp.376-395］。

　情動性知能に関しては，情動性知能を認知能力ととらえるモデルと，特性としてとらえるモデルが存在する［文献③ pp.151-166］。能力モデルとして代表的なものとしてメイヤーとサロベイの4ブランチモデルがある［文献④ pp.3-31］。このモデルでは，ブランチⅠ：情動の知覚・表出，ブランチⅡ：情動による思考の促進，ブランチⅢ：情動の理解・分析，ブランチⅣ：情動制御を取り上げている。このうち，ブランチⅠの

情動の知覚・表出は，自己や他者の情動を認識したり，自己の情動（感情）を表出したりする能力，すなわち表情認知能力として定義されている。

1 表情認知能力テスト

メイヤーとサロベイのブランチⅠにもとづいた能力テスト［文献④］については，メイヤーらが客観的テストを開発している［文献⑤］。その検査では表情写真を提示し，その表情から情動がどれほど感じられるかを回答する方法である。ただし，このテストでは正答の基準が曖昧であるため，得点化に問題があるなどの指摘がある［文献⑥ pp.203-222］。

表情認知能力の測定については，計量心理学で発展した項目反応理論を利用し，測定精度を高めた研究も行われている［文献⑦ 253-258 頁］。鈴木ら［文献⑧ pp.327-353］は，表情表出の基本パターン（6 基本情動：喜び，驚き，恐怖，怒り，嫌悪，悲しみ）の認知能力を検討するために，モーフィングと項目反応理論（段階反応モデル）を組み合わせた表情評定実験を行っている。鈴木らの研究では，2つの表情カテゴリーを合成して曖昧表情を作成し，表情表出の強度を操作することで，従来表情カテゴリー間で個別に扱われていた表出強度を一元化し，基本表情カテゴリー間で得られた潜在特性値（感受性得点）を総合的に評価できるような工夫がなされている。また，齊藤と中村はモーフィング画像を用いずに，通常の表情画像を短時間提示し，それに対する反応をもとに項目反応理論を用いて表情認知能力を測定している［文献⑨ pp.37-42］。

2 項目反応理論とは

表情認知能力の測定領域でも利用されるようになった項目反応理論はETS が実施している TOFEL や日本における医療大学系臨床実習開始前の共用試験でも採用されている統計的な測定モデルで，能力に関して精度の高い測定を行うことができる。

通常の学力や能力測定で利用されている測定理論は心理学において古

典的テスト理論と呼ばれている．この理論の問題は，扱われている指標が受検者集団やテストを構成している項目群に依存している点である．例えば，古典的テスト理論では信頼性係数以外に項目の特徴や受検者の能力を通過率（正答率）やテスト得点でとらえることはできるが，通過率の場合，同じ項目でも能力の高い受検者集団の場合と能力の低い受検者集団の場合とでは明らかに異なる結果をもたらしてしまう．またテスト得点の場合も，同一受検者であってもテストを構成している項目によって，簡単な項目のみの場合と難しい項目のみの場合とでは明らかにテスト得点が異なってしまう．

そこで，潜在特性という新たな心理的ものさしを用意し，受検者集団やテストを構成している項目群（問題）に依存しない形で項目の特徴や受検者の能力をとらえる方法が考え出された．それが項目反応理論である．項目反応理論では各項目に正答する確率を潜在特性値の関数（項目特性関数）として表し，その関数のパラメーターによって項目の特徴を表す．また，受検者の各項目に対する正答・誤答といった反応パターンにより受検者の能力を潜在特性上に位置づける．潜在特性は$-\infty$から∞までの値をとるため広範囲の能力をとらえることができる．従来のテスト得点による能力の表現では，例えば10問の計算問題で各問題への配点を1点とすると能力を0点から10点までしか表現ができず，たとえ能力が高くても10点を超える値で能力を表現することはできない．

図8-1が項目反応理論でよく利用される2パラメーターロジスティックモデルにおける項目特性曲線である．これは項目特性関数を曲線で図式化したもので，統計的なモデルの仮定から生み出されたものである．横軸は潜在特性（θ）を表し，構成概念に関する心理尺度である．テストが計算問題であれば計算能力を表していると考えてよい．この潜在特性に関しては通常1次元性が仮定されている．また，平均的な能力が0となり，値が大きければ能力が高く，値が小さければ能力が低いことを表す．縦軸は曲線で表された項目に対する正答確率を表す．図中に書かれた曲線は右上がりであり，潜在特性値，すなわち能力が高け

第Ⅱ部　非言語的視点

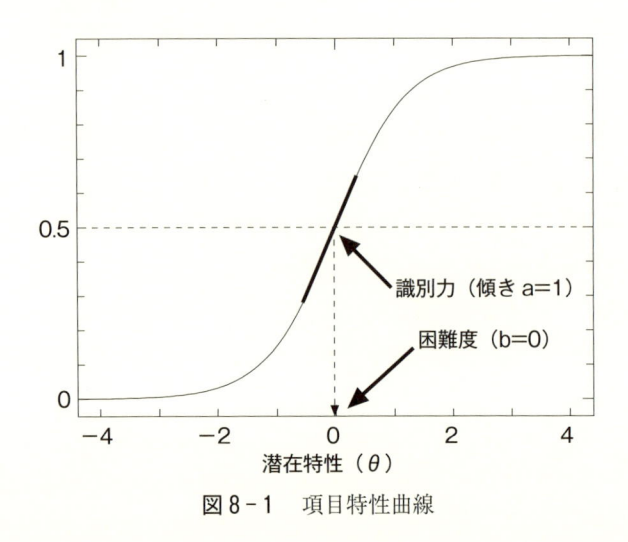

図8-1　項目特性曲線

れば正答できる確率も高くなることが分かる。また，この図から特定の潜在能力値，例えば0をとる人がこの項目に対してどれだけ正答できるかが分かる。

　項目の特徴は曲線の位置と形によって表現される。項目の難しさを表す困難度（b）は，正答確率が0.5となるときの潜在特性の尺度値である。ここで特徴的なのは受検者の能力を示すものさし上に項目の特徴である困難度も位置づけている点である。困難度は値が大きければ項目が難しく，小さければ項目が簡単であることを示す。項目困難度は項目の精度を表し，識別力（a）は，正答率が0.5となるときの曲線の傾きを表す。この指標では傾きが急であれば能力の違いが大きな正答率の差で表現されるが，傾きが緩やかであれば能力の違いは大きな正答率の差として表現されない。従って受検者の能力をより明確に区別できるという点で識別力の高い方がよい項目であるということになる。

3　集団式表情認知能力テスト

　項目反応理論を用いたテストを開発する場合，可能な限り大規模な

データを収集する方が安定した指標を得ることができる。1節で紹介した研究では，プロジェクターを利用してスクリーンに表情刺激を提示したり，実験的方法でコンピューターディスプレイに刺激を表示したりする方法をとっている。前者では中程度の大学の教室であれば多数の受検者に対して同時にテストすることは可能であるが，スクリーンからの距離や角度によって刺激の見え方が異なるという欠点がある。また後者の方法では，コンピュータを複数台用意したとしても，大規模なデータを収集するには時間がかかってしまう。

そこで，表情をカラープリンターで紙に印刷し，通常の質問紙の形式でのテストを実施すれば，大規模なデータ収集が可能となる。ただし，質問紙では項目ごとに回答時間を制限することはできないため，通常の表情画像を提示した場合，正答率が高くなり，個人差が得られない可能性がある。

学力テストをはじめとして，心理テストは個人差を測定するためのツールであるため，表情刺激に対する回答の正答率が極端に高いあるいは低いとテスト項目としての機能が低下してしまう。鈴木らは，真顔と基本情動を表す表情とのモーフィングを行って刺激を作成することで，上記の問題を克服している［文献⑧］。今回開発した集団式認知テストもモーフィングを利用して表情刺激を作成した。モーフィングとは2つの画像を特定の比率で合成させる技術のことである。

4　表情刺激とテストの実施

今回，表情刺激として喜び，怒り，悲しみ，驚きの4表情を取り上げ，これらの表情と真顔との間で該当する表情の合成率が10％から100％までの10段階のモーフィング画像を作成した。表情表出者は男女それぞれ2名ずつとし，4表情×10段階×4名の160刺激をテスト項目として利用した。表情刺激は社会技術研究開発センター・研究開発プロジェクト「犯罪の被害・加害防止のための対人関係能力育成プログラム開発」において撮影された表情を利用した。

第Ⅱ部　非言語的視点

喜び	怒り	悲しみ	驚き	真顔
○	○	○	○	○

図8-2　表情刺激（項目）例

　上記で作成された刺激を図8-2のようにマークによって表情を回答できるように質問紙を作成した。また，表情表出者ごとに1課題として同一人物の表情画像について1枚の質問紙に5行×8列の40刺激を配置した。表情表出者は4名いるので4課題160項目でテストが構成されている。また，本課題の前に16の表情刺激からなる練習課題も用意した。

　テストは大学生を対象として実施された。回答者は女性85名であった。テストではまず練習課題を実施し，受検者が回答方法を理解したことを確認したうえで，課題1から課題4まで順にテストを実施した。一つの課題ごとに全員の回答が済んだ段階で次の課題を実施した。

5　項目反応理論による分析

　正答は比率にかかわらず真顔に合成した表情とした。正答を1，誤答を0として数値化した。1次元性の仮定を確認するために，刺激（項

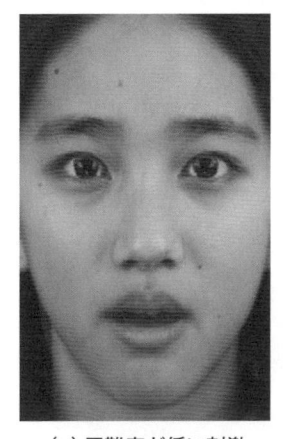

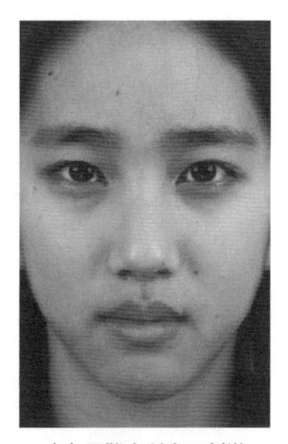

8 表情を利用したコミュニケーション能力の測定

(a) 困難度が低い刺激　　　　(b) 困難度が高い刺激
　　合成率 40% 驚き　　　　　　　合成率 20% 怒り

図 8-3　困難度別刺激例

目）間の四分相関係数を計算し，因子数 1 の因子分析（ミンレス法）を行った。43 刺激については正答率が 0% あるいは 100% であったため分析から除外した。因子分析の結果，次元の情報を持つ固有値の変化が，42.6，12.9，4.23，3.74，2.88 と推移し，第 1 固有値の値が第 2 固有値以下と比べて大きいので 1 次元性の仮定は満たされるものと判断した。その後，117 刺激について 2 節で紹介した 2 パラメーターロジスティックモデルで分析を行った。パラメーターの推定には BILOG-MG を利用した。項目パラメーターである識別力や困難度を数値計算上求めることができない項目があり，最終的に 111 刺激の項目パラメーターを算出した。

　モーフィングの合成率が，10% の時は正答率が 0.2 を下回ることが，また 70% 以上では正答率が 0.98 以上になることが多く，さらに推定された項目パラメーターの精度が悪い（標準誤差が大きい）傾向にあるため，合成率 20%〜60% の 71 刺激を利用して表情認知テストを構成することにした。図 8-3 に困難度の大きさ別に代表的な刺激（項目）を示した。図 8-3 の (a) は困難度が低く（-5.41），表情判断が簡単な刺激

111

第Ⅱ部　非言語的視点

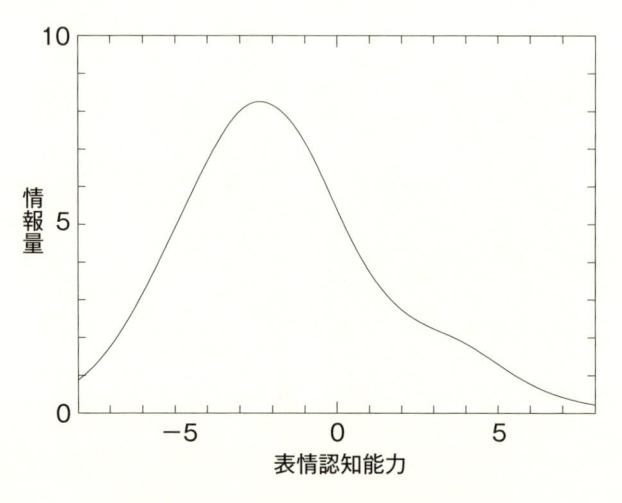

図8-4　表情認知テスト情報量曲線

で真顔との合成率が40％の驚きの表情である。逆に（b）は困難度が高く（3.92），表情判断が難しい刺激で真顔との合成率が20％の怒りの表情であった。

　71刺激全体を利用したときの測定精度を表すテスト情報量曲線を計算すると図8-4のようになる。この図の横軸は表情認知能力の値を示し，縦軸は情報量を示している。情報量は数値が高いほど，測定精度が高いことを示している。図8-4をみると，今回開発されたテストは，平均的な能力値である0よりも低い値で情報量のピークが来ており，全体に表情認知能力の低い受検者の能力の測定において精度が高いことが分かる。ただし，2パラメーターロジスティックモデルの場合，全体的に困難度が低めに推定されることが多く，その影響も考えられる。

　次に，各表情を表す刺激の項目特性曲線を累積し，図8-5に示すような表情ごとのテスト特性曲線を求めた。ただし，最終的な表情認知テストの刺激として残った項目は表情ごとに数が異なり，そのままでは比較しにくいので，累積した数値を項目数で割ってテスト特性曲線を求めた。そのため，縦軸は項目特性曲線と同じく確率として表現している。

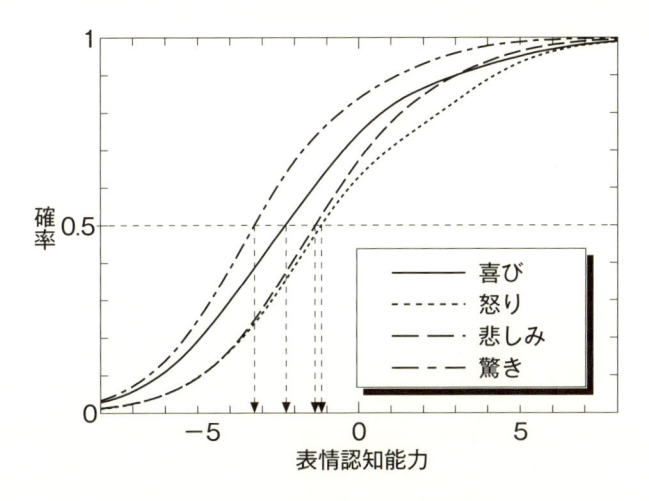

8 表情を利用したコミュニケーション能力の測定

図8-5　表情別テスト特性曲線

表情ごとの困難度の違いが分かるように，確率0.5の時の各表情の横軸の値を点線と矢印を用いて示した。横軸の値が左にあるほど簡単であり，右にあるほど難しいことを表す。図8-5をみると分かるように，驚きが全体的に表情の認知が簡単で，喜び，悲しみ，怒りの順にしたがって表情の認知が難しくなることが分かる。識別力については，図をみると表情ごとに大きな違いはないが，識別力の平均値を計算したところ，怒り刺激の識別力の平均が0.54と最も高く，それ以外の表情は0.47付近でほぼ同じ値であった。今回，4つの表情をまとめて1次元の表情認知能力テストを作成したことによって共通のものさしが作成されたことになり，表情別にテスト特性曲線を作成することで，表情ごとの特性の違いも議論できるところが，項目反応理論の魅力でもある。

6　問題点

私たちが日常生活において他者の表情を読み取る際，今回の表情認知能力テストのようにある一時点の静止画という限られた情報から判断しているわけではない。他者と置かれている環境や文脈，顔の時間的な変

化，言語的情報など様々な情報を統合して他者の表情を判断している。また，真顔そのものが怒りや悲しみなど特定の表情に近い人も存在し，ある時点の切り取られた情報から表情を判断するのは現実的ではなく，さらにモーフィングという人工的に作成された刺激を利用している点なども考えると，今回紹介した表情認知能力テストは他者の表情判断能力の限られた側面をとらえていると解釈した方がよい。

しかしながら，一方で限られた情報とはいえ，表情刺激から表情の特徴を敏感に読み取ることは，より正確に他者の情動（感情）を判断し，円滑なコミュニケーションを行ううえでは必要な能力の一つであるとも考えられる。本テストは4名という限られた表出者からの刺激でかつモーフィングという人工的な刺激ではあるが，真顔に特定の表情の要素が含まれていれば特定の表情だと判断することに関して個人差が存在することがデータから示されたことは意義深いことである。

今回の分析では，受検者ごとに算出される個人パラメーターである表情認知能力値について細かい議論を行わなかったが，この個人ごとに算出される表情認知能力値と他の心理学的な特性との間の関係をみることによって，本テストで測定される表情認知能力が何によって規定されているのかも明らかにすることができる。

おわりに

今回紹介したテストの結果は，女性の大学生85名という少数のデータに基づくものであるため，知見の一般化に関しては慎重になる必要がある。実際，パラメーターの推定精度を示す標準誤差が全体的に大きく，今後の大規模な調査結果とは詳細が異なる可能性もある。しかしながら，今回紹介した研究によってモーフィングを利用した表情刺激を用い，項目反応理論によって刺激の特徴と表情認知の能力の個人差をとらえることが可能であることが示されたと言ってもよいであろう。今後，この知見をもとに，大規模かつ様々な世代に対する調査を実施することで，項目としての表情刺激の整備を行うことが可能となり，より精度の

8 表情を利用したコミュニケーション能力の測定

図8-6 タブレット端末を利用したテストシステム

高い表情認知能力の測定が期待できる。

　今回紹介した項目反応理論のモデルは基本的なモデルであるが，近年，多値反応や多次元を扱うモデルが実用化されつつある。たとえば，鈴木らが用いている［文献⑧］ように表情刺激に対して6つの表情に関して当てはまる程度を5段階などで回答させ，多値反応モデルを利用して詳細な分析を行うことも可能である。また，項目反応理論では差異項目機能分析と呼ばれる手法があり，項目パラメーターが世代間や性別で異なるかどうかを刺激（項目）ごとに検討し，各世代や性における表情認知能力の特徴をとらえることも可能である。

　今回紹介した表情認知能力テストの今後の方向性としては，大規模データに基づいて刺激（項目）データベースを作成し，データベース上の刺激の項目パラメーターと受検者の刺激に対する反応をもとに最適な刺激を提示して効率的に能力を測定する適応型テストの実現も可能である。その際には，図8-6に示すように，近年普及しているタッチパネル付きのタブレット端末を利用することで，表情刺激を鮮明に提示できるとともに，回答の操作性が向上したテストシステムが実現できるものと考えられる。

引用文献
①大坊郁夫『しぐさのコミュニケーション――人は親しみをどう伝えあうか――』（セレクション社会心理学）サイエンス社，1998年
②Zins, J. E., Payton, J. W., Weissberg, R. P., and O'brien, M. U., "Social and emotional learning for successful school performance," Matthews, G., Zeidner, M.,

and Roberts, R. D., *The science of emotional intelligence: known and unknown* (New York: Oxford University Press, 2007).
③Petrides, K. V., Furnham, A., and Mavroveli, S., "Trait emotional intelligence: moving forward in the field of EI," Matthews, G., Zeidner, M., and Roberts, R. D., *The science of emotional intelligence: known and unknown* (New York: Oxford University Press, 2007).
④Mayer, J. D., and Salovey, P., "What is emotional intelligence?," Salovey, P., and Sluyter, D. J., *Emotional development and emotional intelligence: educational implications* (New York: Basic Books, 1997).
⑤Mayer, J. D. Salovey, P., and Caruso, D. R., *The Mayer-Salovy-Caruso Emotional Intelligence Test (MSCEIT): User's manual*, Toronto (Canada: Multi-Health Systems, 2002).
⑥Zeidner, M., Matthews, G., and Roberts, R. D., "Grace under pressure? Emotional intelligence, stress, and coping," Zeidner, M. Matthews, G., and Robeerts, R. D., *What we know about emotional intelligence: how it affects learning, work, relationships, and our mental health* (London, England: The MIT Press, 2009).
⑦中村知靖・光藤崇子「項目反応理論から見た認知の個人差」, 箱田裕司『認知の個人差』(現代の認知心理学シリーズ7) 北大路書房, 2011年
⑧Suzuki, A., Hoshino, T., and Shigemasu, K., "Measuring individual differences in sensitivities to basic emotions in faces," *Cognition*, 99 (2006).
⑨齊藤崇子・中村知靖「項目反応理論を用いた表情認知能力の測定」『電子情報通信学会技術研究報告』103(453), 2003年

謝辞
本章を執筆するにあたりご協力いただいた九州大学大学院人間環境学研究院の小松佐穂子学術研究員，九州大学大学院人間環境学研究院の箱田裕司教授に深く感謝の意を表します。

9 共同体の見かけ

光藤 宏行
(知覚心理学)

はじめに

　人の多い地下鉄に乗り込んだとき，隣り合う人同士が知り合いなのかどうか，気になるときがある。一般的にはこの判断は難しい。会話をしていれば，知り合い同士なのだろうと推測することは容易である。また，彼らが電車を降り，会話を始めるのを見て初めて，知り合い同士——共同体——なのだと分かることもある。

　共同体らしさ，または連帯感についての判断は，他者の間だけでなく，他者と自分自身の間でもなされる。連帯感が強烈に感じられる場面，逆に共同体であるのに連帯感が感じられない場合を体験することもある。具体例を取り上げてみよう。

　私が通った岡山の中学校の体育祭では，応援合戦というイベントがあった。これは学級ごとにチームを作り，学ランに鉢巻き，多少のお洒落をして独自の振り付けを考え，音楽に合わせて踊るというものである。各チームの演技の出来映えが比較され，評価される。生徒の多くは準備と練習に熱中し，学級ごとのまとまり，共同体としての一体感を得る。

　私も人並みの熱意で参加しているつもりだったが，踊ることは苦手だった。ある日の応援合戦の練習のあと，教諭から声をかけられた。

　　教諭「お前練習しとるの，みかけたぞ。」
　　私「何で分かったんですか。」
　　教諭「一人だるそうに踊っとるけぇ，目立つんじゃ。」

　教諭の最後の一言によって私は，連帯感に関する印象がどのように形

成されるかを知った。私の場合，連帯の印象を作り出すためには，人並みの熱意を主観的に確認することではなく，動きを周りに合わせることが求められていたということだ。

　共同体と共同体らしさが一致しない他の例を挙げよう。日常の場面で，たまたま初めて出会った誰かと会話しているところを知り合いに目撃されたとする。初対面であったが，話が弾んだとしよう。それを見かけた知り合いが，「仲が良いのかと思った」という判断をすることは十分あり得る。つまり本当は共同体ではないのに，共同体らしさが高くなるということである。私たちが共同体らしさの判断を行うとき，どのような基準を用いているのだろうか。

　本章で扱う共同体らしさは，共同体の定義とは異なる。共同体の定義は，さまざまな規約や契約，合意，慣習によってなされる。例えば，学級，婚姻，サークル，結社，団体などがそうである。ある共同体が規約によって明確に定義されているとしても，共同体らしさが高くなるとは限らない。それは学校の場面では端的に，学級崩壊という言葉で言い表される。このように考えると，共同体らしさとは，共同体の存在に関する正確な情報や知識とは切り離して考えることができる，主観的な判断であることが分かる。

　本章では，人々の集まりが共同体に見えやすいのはどのような場面であるか，また見かけ上の連帯感が生じるのはどのような場面であるかを検討する。つまり，本章で行うのは共同体の見かけに関する分析である。共同体の本質が何であるかということは，ここでは中心的な問いではない。共同体とは何であるか，どのようにしたら共同体であるかを正しく判断できるかというような問いは，もちろん重要で，深刻である。それと同時に，共同体の構成は時間とともに変化するため，私たちは，共同体に関する互いの情報を十分共有する訳ではない。したがってそのような集団の中で社会生活を送り，その質は心理的な印象によって多少は左右されることを考えると，与えられた情報によって，私たちがどのように共同体の印象を形成しているかを考えることには価値がある。

1 共同体らしさと群化の要因

　上で考えた例から分かるのは，私たちは日常場面では，限られたその場に与えられた情報に基づいて，共同体かどうかの判断を行っているということである。与えられた感覚情報に基づいて，共同体らしさや連帯感を感じることは，知覚的なまとまりの形成と概念的に類似している。視覚心理学では，まとまりの形成は群化（grouping）と呼ばれる。視野内の要素はどのような要因に基づいてまとまるのかについて，ゲシュタルト心理学者らによって多くの研究が行われてきた。加えて，対人場面でのまとまりについての考察も古くから行われてきた［文献①］。

　本節では，日常場面における連帯感や共同体らしさと知覚的な群化の要因との関連について検討する。群化の要因はゲシュタルト原理とも呼ばれ，類同，共通運命，近接，良い連続，閉合を含む。これらの群化の要因は，人間による視覚的認識の仕組みの理解に大きな影響を与えるとともに，機械による視覚的認識技術の発展にも貢献した［文献②］。以下に，共同体らしさと知覚的群化について，一つずつ具体的に見ていこう。

類同

　先に挙げた応援合戦の例を最初に考えよう。同じ衣装を着ること，同じような飾りをつけることは，共同体や集団としての一体感を強め，親密な印象を与える。応援合戦に限らず，野球やサッカーなどのチームのユニフォーム，制服も，連帯感の向上に役立っていると考えられる。野球の応援団やサッカーのサポーターが応援するとき，揃いのレプリカユニフォームを着用することも，一体感や連帯感の向上に役立っていると考えられる例である。

　似たような例は，身につけるものに加え，人に接する時の態度についてもあてはまる。例えば，病院や役所などの組織を訪れると，訪れた人はさまざまな職員の応対をうける。職員の対応が一貫して良ければ，訪

第Ⅱ部　非言語的視点

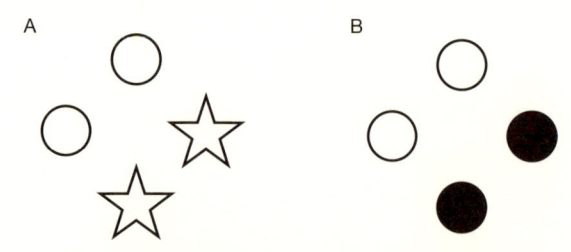

Aは形についての類同であり，Bは色についての類同である。いずれの場合も，上と左，下と右のペアがまとまって知覚される。

図9-1　類同による視覚的な群化の例

れた人は，組織としてのまとまりを感じ，好印象を抱くだろう。それに対し，職員の対応がばらばらであれば，組織としてのまとまりは感じにくいだろう。これらの例も，メンバー間の類似した特徴が共同体らしさに貢献する例であると考えられる。

　類似によるまとまりの形成は，視覚の場合，類同（similarity）の要因として良く知られている。要素の形や色が似ている場合，それに基づいてまとまりが知覚される。図9-1Aは，互いに隣接する4つの要素を等間隔に並べたものであり，菱形が形作られている。上と左に配置されている要素は円形であり，下と右の要素は星形である。このような配置では，同じ形による，右上がりの方位をもつ2列としてのまとまりが知覚される。それはすなわち，同じ形をもつ要素がまとまることを意味する。まとまりは形だけではなく，色の場合でも同様である。図9-1Bは，Aの2つの白い星形を黒い円に置き換えた図形である。この場合でも，上と左の要素がまとまり，下と右の要素がまとまりを形成する。

共通運命

　上で述べた応援合戦の例で，共同体らしさを伝えるもう一つの重要な要因は，ダンスである。動きを奇麗に揃えることで，連帯感が伝わる。テレビの音楽番組で見かけるようなダンスも，集団としてのまとまりを感じさせる良い例である。

視野内の要素の動きが同期しているとき，知覚的なまとまりが形成されやすいことは，視覚心理学では良く知られている。これは共通運命（common fate）の要因と呼ばれる［文献③・④］。要素の動きとは，一般的にいえば，要素の位置が時間とともに変化することである。これに加え最近の研究によれば，明るさの時間的変化や，位置変化のタイミングなどが要素間で同期する場合でもまとまって見えることが知られている［文献⑤・⑥］。

近接
　再び地下鉄の場面を取り上げよう。親密であるはずの知り合いのカップルを見かけたとする。列車は空いているのに，席を離れて座っていた。それを見ると，仲がこじれているのだろうか，と邪推するだろう。また，親密さについての情報が十分与えられていないケースとして，大学での講義の聴講場面が挙げられる。大学の講義室では，基本的に聴講生は好きな位置に座る。自然と，仲の良い人が近くに座る可能性が高くなる。したがって，学生の間では距離を考慮して親密さを判断する傾向が生じる。大学の教室で知り合いが，見知らぬ異性と近くにいるとする。それをもとに仲が良いと見なし，後で知り合いを「付き合っているのか!?」と冷やかすのは楽しい。
　これから分かるのは，私たちは，親密さを判断する際に，人と人の間の物理的な距離を考慮に入れているということである。このような指摘は，心理学の一般書に広く見られる［文献⑦］。
　視覚心理学では，距離の近い要素同士がまとまって見えることは，近接（proximity）の要因として良く知られている。図9-2Aでは，上と左の要素の間隔が上と右の要素に比べて狭くなっていると同時に，下と右の要素の間隔は下と左の要素の間隔に比べて狭くなっている。その結果，4つの要素は右上がりの方位をもつ2列にまとまって見える。これは，近接の要因によってまとまりが形成される例である。

第Ⅱ部　非言語的視点

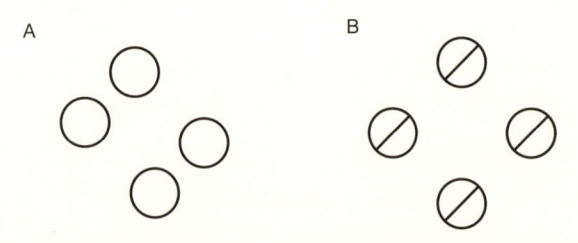

Aでは上と左，下と右のそれぞれのペアの距離が近い。これらのペアの間でまとまりが知覚されるのは，右上がりのまとまりを構成する要素同士の間で近接の要因が強く働くからであると考えられる。Bでは，隣接する要素が等距離に並べられ，その中に右上がりの線分が配置されている。上と左，下と右のそれぞれのペアは線分の方向が連続しており，2列の右上がりのまとまりが知覚される。これは良い連続の要因が働いた結果であると説明される。

図9-2　近接と良い連続による群化の例

良い連続

　上で見たように，人々についての情報が十分でないときにその人々の間の連帯の度合いについて判断するためには，その様子を見ることが役に立つ。距離以外には，私たちはどのような情報に注目しているのだろうか。

　見知らぬ二人の会話の場面を観察しているとしよう。会話のやり取りが滑らかであれば，仲が良いのだろうと思うことは自然である。例えば，テレビ番組で見かける二人組の漫才やコントなどでは，相手の反応を求める間の取り方は適切で，セリフが重なったりすることは少ない。そのような場合には一体感が生まれる。それに対し，同じ会話でも，滑らかではない会話もある。例えば，口論の場合には，相手の話をさえぎって話し始めたり，会話を終わらせようという口調になりがちである。このような場合には連続性が感じられず，まとまりを感じることも少ない。したがって，コミュニケーションが適切で，連続的である場合には一体感を生じさせ，親密に見えやすくなると考えられる。

　視覚の群化を考えると，滑らかなコミュニケーションがまとまりを作

り出すことは，良い連続（good continuation）の要因に対応すると考えられる。図9-2Bでは，隣接する要素が等距離になるように配置された円のそれぞれの内部に，右上がりの方位を持つ線分が配置されている。線分の方位と要素の位置関係について考えると，線分と同じ方位に配置された要素，つまり上と左，下と右のペアの間で線分の方位が互いに一致している。この図形のまとまりを判断する場合，線分の方位にしたがって，上と左，下と右の要素がまとまって知覚される。

閉合

私は小学生のとき，ソフトボールの町内チームに参加していた。練習は毎週，河原のグラウンドで行い，肩ならしとして最初にキャッチボールを行うのが決まりであった。キャッチボールは基本的に二人組，ペアで行った。ペアを作ってキャッチボールを行うということは，閉じたまとまりを作るということである。ペアは自然発生的に生じるが，作れない場合には，一人でぽーっとしているか，既にキャッチボールを開始しているペアに声をかけて，三人でやろうと声をかけることが必要になる。そのような場合，やや惨めな気分になったことを覚えている。閉じたまとまりが作られることも，連帯感の形成に役立っていると考えられる。

視覚の場合も同様に，要素の間で閉じた図形が形作られるとき，まとまりを持って見える。これは閉合（closure）の要因と呼ばれる。図9-3Aでは，菱形を構成する4つの要素の内部に，菱形の中心に向かって「く」の字型が配置されている。つまり線分の方位が部分的な連続性を持つとともに，それらが閉じた図形を形成している。図9-3Bは類似した図形であるが，要素内部には「く」の字ではなく，十字形が配置されている。図9-3Aと図9-3Bについて，菱形のまとまりを比較すると，どちらがより強くまとまりを感じるだろうか。線分の連続性（良い連続の要因）という点では，これら2つの図形の間に違いはない。しかし，図9-3Aの方が，図9-3Bより，まとまりを感じやすい。これは，

第Ⅱ部　非言語的視点

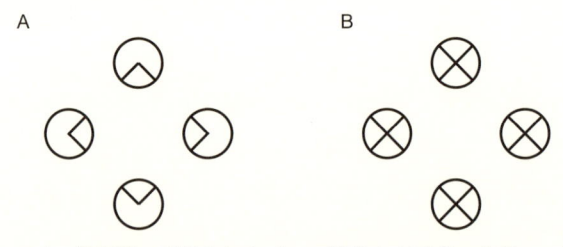

　　　　A　　　　　　　　　B

Aでは，等距離に配置された互いに隣接する要素の内部に，菱形の中央に向かって「く」の字の部分が追加されている。Bでは，それぞれの要素の内部に傾いた十字形が描かれている。4つの要素が一つにまとまると考えるとき，BよりAの方がまとまっていると見えやすい。これは，良い連続の要因はAにもBにも働くけれども，閉合の要因はAだけに働くからであると考えられる。

図9-3　閉合による群化の例

　図9-3Aについては閉合の要因が働くが，図9-3Bについては働かないからであると解釈できる。

斉一的結合

　共同体らしさ——連帯——の判断に役立つ情報は，他にはあるだろうか？　日常場面では，恋人同士や親子などの親密な関係では手を繋ぐことがある。手を繋いでいる様子を見れば，間違いなく，この人たちは仲が良いのだろうと判断する。

　これに関連する群化の要因は，パーマーとロック［文献⑧］が提案した斉一的結合（uniform connectedness）または要素結合（element connectedness）であると考えられる。図9-4Aを考えよう。これは，図9-2Aの下と右の要素を，星形に置き換えた図形である。図9-4Aを右上がりの傾きを持つ2つの列として考えると，形についての類同と近接の要因によって，まとまりが強く形成されているはずである。図9-4Bでは，そのまとまりを妨害するように，上と右，下と左の要素同士を右下がりの黒い棒で繋いでいる。この場合には結果として，まとまりは右

9 共同体の見かけ

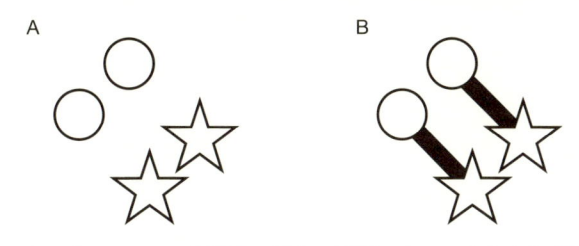

Aは，形についての類同と，近接の要因によってまとまりが形成される図である。Bでは，そのまとまりを妨害するように，上と右，下と左の要素同士が右下がりの黒い棒で繋がれている。この場合には結果として，まとまりは右上がりの列ではなく，右下がりの列として知覚される。

図9-4　要素結合による群化の例

上がりではなく，右下がりに知覚される。したがって，古典的なゲシュタルト原理である類同と近接の要因より，要素結合の要因の方が優先されるということである。

似たことは共同体の場合にもあてはまるように思われる。手を繋いでいる人同士は，異性や親子であることが多い。そのメンバーは衣服，背丈などで異なる場合が多く，類同の要因は働きづらい。それにも関わらず，手を繋いでいれば，仲が良いと判断されやすい。これは，図9-4の例と似ている。

2　考　察

上で見てきたように，視覚的な群化が生じる条件と，共同体が形成されているように見える条件は似ている。したがって，共同体らしさを判断するときには，知覚的群化の要因に似た原理が働いている可能性がある。

視覚ではない他の感覚情報は，共同体らしさの判断に役立っているのだろうか？　宗教的な儀式では，声を合わせてお経をあげることがある。賛美歌を集団で歌うこともある。このような場に参加すれば，強い連帯感が感じられるだろう。これは，聴覚における類同または共通運命の要

因によるものだろう。視覚以外の感覚情報もまた，一体感を作り出すことに貢献していると考えられる。

社会心理学的視点

　人々のまとまり，集団の形成や知覚に関する理論は，主に社会心理学の実験によって検討がなされてきた。本章で検討した共同体らしさは，実体性（entitativity）という概念と多少の関連がある。集団の実体性とは，人の集まりが一貫した一団として結びついて知覚される度合いのことである［文献⑨］。実体性は，集団の本当らしさと関係しているため，本章で検討した，見かけとしての共同体らしさとは異なる。ただし，実体性の手がかりとして，共通運命，類同，近接，良い連続についての検討がなされている［文献⑩］。キャンベルは，実体性にとって重要なのは共通運命の要因であるということを例を挙げて主張している。

　ターナー［文献⑪］は，集団形成の特徴として，同一性（identity），相互依存性（interdependence），社会的構造（social structure）の３つを挙げている。同一性は，メンバーが単一の社会的存在に所属しているという意識を持っていることを指す。相互依存性とは，メンバーが肯定的な意味でお互いに依存しているということである。社会的構造とは，その集団のメンバー間の関係が時間とともに安定し，体制化することを指す。本章で考察した共同体らしさとの関係では，同一性は類同の要因と関係があり，相互依存性は閉合の要因と関連があるように思われる。

　本章で検討した類同とは，共同体および視覚の場合いずれについても，感覚情報に重きをおいた類似度である。これとは異なり，より抽象的な，人物についての知覚された類似度を考えるときには，多少の注意が必要である。一般的に，知覚される類似度は，判断者自身が判断対象の集団に属しているかどうかということによっても左右される。自分自身が所属する集団を内集団（in-group）と呼び，自分が所属していない集団は外集団（out-group）と呼ぶ。判断者が所属する集団（内集団）のメンバーは違って見えやすく，判断者が属さない集団（外集団）のメン

バーは似通って見えやすいことを示す実験研究がある一方，状況によっては逆になる事態も報告されている［文献⑫］．つまり，感覚情報による類似度に大きな違いがなくても，自身と集団との関係によって，メンバー間の類似度は異なって知覚されうる．よって，人々の間の類似度について考えるときには，知覚された類似度なのか，感覚情報に重きをおいた類似度について考えているのかを区別する必要がある．

ただ，抽象的な類似度と感覚情報による類似度が，どの程度共通しているのかはまだ明らかではない．例えば，制服を着用して集団場面で実験を行うと，その制服が社会的に望ましい集団を連想するかそうでないかによって，実験参加者の行動が変化する例が報告されている［文献⑬］．制服は視覚情報であるので，感覚情報に基づく類似度を高めると同時に，概念的な類似度を高める効果も有していると考えられる．このような点を明らかにするためには，実験によるさらなる検討が必要だろう．

おわりに

本章では，日常場面における連帯感や共同体らしさと知覚的な群化の要因との関連について，それらの共通点を見てきた．視覚の例を通して考えると，知覚的群化の原理は，共同体らしさを判断する仕組みを考えるときにも有用であると考えられる．

引用文献
①K. コフカ，鈴木正彌監訳『ゲシュタルト心理学の原理』福村出版，1998年
②D. マー，乾敏郎・安藤広志訳『ビジョン――視覚の計算理論と脳内表現』産業図書，1987年
③W. メッツガー，盛永四郎訳『視覚の法則』岩波書店，1968年
④大山正・今井省吾・和気典二編『新編 感覚・知覚心理学ハンドブック』誠信書房，1994年
⑤Lee, S.-h., and Blake, R., "Visual form created solely from temporal structure," Science, 284, 1165-1168 (1999).
⑥Sekuler, A. B., and Bennett, P. J., "Generalized common fate: grouping by

common luminance changes," *Psychological Science*, 12, 437-444 (2000).
⑦渋谷昌三『しぐさを見れば心の9割がわかる！』三笠書房, 2008年
⑧Palmer, S., and Rock, I., "Rethinking perceptual organization: the role of uniform connectedness," *Psychonomic Bulletin & Review*, 1, 29-55 (1994).
⑨Lickel, B., Hamilton, D. L., Wieczorkowska, G., Lewis, A., Sherman, S. J., and Uhles, A. N., "Varieties of groups and the perception of group entitativity," *Journal of Personality and Social Psychology*, 78, 223-246 (2000).
⑩Campbell, D. T., "Common fate, similarity, and other indices of the status of aggregates of persons as social entities," *Behavioral Science*, 3, 14-25 (1958).
⑪Turner, J. C., Hogg, M. A., Oakes, P. J., Reicher, S. D., and Wetherell, M. S., *Rediscovering the social group: a self-categorization theory* (Oxford: Blackwell, 1987).
⑫Vzerbyt, V., Judd, C. M., and Corneille, O. (eds.), *The psychology of group perception: perceived variability, entitativity, and essentialism* (New York: Psychology Press, 2004).
⑬Johnson, R. D., and Downing, L. L., "Deindividuation and valence of cues: Effects on prosocial and antisocial behavior," *Journal of Personality and Social Psychology*, 37, 1532-1538 (1979).

謝辞
本章の草稿について，九州大学文学部の阿比留隆太君と矢口智之君に有益なコメントを頂いたことに感謝致します。

第Ⅲ部

歴史的・現代的視点

マリーエンベルク城塞(ドイツ:ヴュルツブルク司教領内)とヴュルツブルク市街

10 中・近世ドイツ都市と共同体

神寶秀夫
（西洋史学）

はじめに

　本章では「歴史学上の共同体」をコミュニケーション――主に相互了解の側面――と関わらせて論じることにしたい。主たる対象は，共同体の一つの典型である中・近世ドイツ都市とこれの一つの構成組織である同職組合（ギルド）－ツンフトである。

　まず，共同体の「歴史学的」な概念規定から始めたい。経済史の観点からすると，前近代の生産諸様式――アジア的，古典古代的，封建的な様式――は共同体に基礎づけられ，近代以降の生産諸様式――資本主義的，社会主義的な様式――は共同体的な構造を欠いている。つまり，共同体こそが前近代の生産のあり方を決定する共同組織なのである。ただし，ここで言う歴史学上の共同体は，例えば，何らかの共属感情をもって生活している人々の地域社会という意味での社会学的な広義の共同体ではない。それは，生産性がいまだ低く，「土地」こそが社会の物質的な基礎をなしていた前近代において，(1) 土地を排他的に独占するなどの対外的な「封鎖」原理，(2) 内部成員の生活状態をできる限り平等にしようとする対内的な「平等」原理，(3) これらの原理を，あるいは原理に保障された生活を維持すべく，成員自らが問題を処理し規制しあうという経済外的な「共同体規制」原理，これら3原理に支えられた共同組織を指している。したがって，それは狭義の共同体である。そして，それは経済的な再生産が行なわれるだけではなく，第3の経済外的な「共同体規制」原理に示されているように，権力が分散している前近代においてのみ成立し得る，成員自らが相互の了解を取りつつ立法，裁

こうした共同体のなかで成員あるいは家は，共同体全体により占取された土地のなかから「私的占取地」を確保し，ここで生産活動を行なった。だが彼らは独立して自由な私的生産を行なうにはいまだ脆弱であったため，共同体という枠組みを維持せざるを得ず，そのため彼ら個人の私的活動の恣意性は共同体によって規制，抑制されざるを得なかった。ここに内部対立の契機があった。そして，個人が共同体から自立する――つまり，特定の個人が生産手段を独占し，多数の直接労働者がそれから排除され，しかし双方とも人格的自由を獲得する――ことで，共同体は解体し，近代的な産業資本，経済的な近代が成立するのであった。

　さて，研究史上，広く世界史的に共同体は3段階を経るとされてきた。第1段階はアジア的共同体であるが，これはオリエントの専制国家だけではなく，世界史上どの地域にも見られた。ここでは部族などの血縁集団が土地の共同占取の主体であったが，次第に各家族によって私的に土地が占取され，さらに農業以外に小規模な手工業も生まれていく。しかし，各家族の一時的な私的占有は，共同耕作や灌漑設備の構築などの共同労働により大きく制約を受けていた。ここでの労働は専制君主への義務の形をとっていた。ついで，移動や移住の進展が部族制を破壊していき，各個人が土地の私的所有者となる第2段階に至って，常時戦闘体制にある農民＝市民の「戦士共同体」が成立することになる。これが古代ギリシアやローマに典型的にみられる古典古代的共同体であり，主たる単位は都市国家である。ここでは，家単位に奴隷制経営を行ない強力な家父長権をもった市民が，「公有地」とは明確に区別された「私有地」に所有権をもつようになり，共同労働は，生産の形をとるよりも，むしろ公有地の獲得と防衛のための「戦闘」という形をとっていた。また，手工業の展開による高度な社会的分業も1つの特徴をなしていた。部族制の解体が一層進み，奴隷制も解体し，また戦闘が特定の有力な農民＝領主に限定されると，第3段階のゲルマン的共同体（＝「封建的共同体」）が成立していく。これには貴族など封建的領主からなる知行制

的共同体と，その領主のもとに農民を成員とする村落共同体とがあるが，通常，後者の村落共同体を指す。家父長制的小農民家族の長が村落共同体の構成員であり，彼らは領主から土地を貸借し，フーフェ（宅地，菜園と耕地利用権，共有地の持分）に対し「私的」な占有権を認められていた。しかし，その一方で，彼らは自己の耕地を耕すにあたっては，耕地片は大きさが平等になるよう各耕区に分散され（混在耕地制），また三圃制のように彼らは同じ様式で共同耕作する（耕区強制）など，厳しい共同体規制のもとにおかれていたのである。

以上を前提に，ゲルマン的共同体の発展形態である中・近世都市共同体の構造と変質をコミュニケーションと関わらせて考察したい。その際，特に以下の観点が重要である。

(1) 都市において共同体原理はいかなる形態をとっていたのか。

(2) 共同体は自律的であるが，他の組織から完全に独立していたわけではない。他の組織とどのような関係に立っていたのか。

(3) 社会における矛盾・対立を避けるためには「行為調整」を図ることが必要であるが，その際，「コミュニケーション行為」は，——制裁権を背後にもつ命令などにより相手の意思決定に影響を及ぼす「戦略行為」と異なり——批判可能な妥当要求を出して，相手から了解を得る（J. ハーバーマス）。この2つの「行為」は共同体ではどうであったのか。

1 中世都市

大小の戦争が日常的に行なわれていた中世において，個人自らで防衛のできない平民は共同体を結成して身を守らざるを得なかった。人口の8割以上を占めていた農民（大半は半自由身分であった農奴）と同じく，人口の1割～1割5分を占めていた市民も，——自衛を旨とすべき自由身分でありながらも貴族と異なり——共同体を形成していた。

前世紀半ばまでヨーロッパ中世都市の支配学説であったベルギーの歴史家 H. ピレンヌの学説では，中世都市は以下のように定義されている。

中世の都市は，12世紀に入って現われてくる所では，防備施設のある囲いの保護のもとに，商工業によって生活を営み，都市を特権的な集団的人格とするところの特別の法，行政，裁判を享受する，コミューン〔＝自治的共同体〕である。

城壁＝市壁という防備施設に守られ，封建的な農村よりも多くの特権を有した商人および手工業者からなる自治的共同体として把握されている。中世都市を宣誓共同体と理解したドイツの代表的な法制史家 H. プラーニッツにあっても，基本的には同様であった。

　しかしその後，中世都市は依然として共同体としてとらえられるものの，この支配学説に対し批判がなされてきた。支配学説は大都市に即した理念的な西洋中世都市像を提示し，「自由と自治」「経済力」「多様性」「近代性」を前面に押し出す傾向が強かった。それに対し，近年の諸研究は，9割を占める小都市にも目を向けつつ，村落および領主層，つまり封建社会との構造的な関係を議論するようになっている。こうした研究動向を踏まえて，以下，主に 3,000～4,000 あったドイツの中世都市の共同体的性格を論じることにしたい。

商人ギルドと手工業者組合

　11／12世紀以降，古代以来の都市や教会施設，新たに形成された居城，防備施設に隣接して都市が形成されていった。そこに定住したのは，ピレンヌが考えていた自由な冒険者や遍歴商人だけでなく，在地出身の商人や手工業者（武具工，皮革工，羊毛工など）も数多く含まれていた。特に家人層出身者も含む商人は都市君主（＝領主）のためにも商業を行ない，都市君主と市民は対立のみならず相互補完・共生の関係にも立っていた。そしてこれら非農業人口が徐々に増えた前提として，農民のなかにもはや農業を行なう必要のない階層が生まれるだけの生産力の増大を可能にした「中世農業革命」やその前期形態があった。

　君主の保護のもと商工業者の定住により生まれた（経済的）都市にお

いて，共同体は都市自体としてだけではなく，職種毎にも形成された。

まず，市民指導層であった商人が，中世においてしばしば起こった略奪や襲撃に対し隊商を組織して防衛する必要があり，仲間団体である商人ギルドを形成した。イタリア，フランドルとならんで，北ドイツの商人が国外での相互保護と援助のために宣誓によりハンザを形成した。ついで，次第に都市内部でも商人ギルド（毛織物商，雑貨商など）が形成されていく。単なる経済組織でなく，宗教的な兄弟盟約団でもあったギルド維持のために成員たちは，相互の了解を得つつ慣習法的な規定を自律的に定立し，成員受入れと入会金，集会出席，酒宴と祝祭，宗教的儀式，死者の追悼に関する権利と義務を定めたのであった。

こうした商人ギルドのなかから，あるいはそれとならんで，次第に手工業者の間でも同職組合が結成されていった。当時ドイツではこの同職組合（＝イギリスのギルドに相当する手工業者の仲間団体）はアムト，インヌング，ハントヴェルクと呼ばれており，その後，それは単独で，あるいは複数集まって政治的性格の強い組織であるツンフトを自ら結成していった。なお，その後，また市内の商人組合がツンフトと呼ばれることもあった。

商人の場合よりも手工業者のほうが共同体的性格の強い生活を送っていたが，手工業者の同職組合の形成については，①起源を荘園領主のもとの荘園団体に求める「荘園法説」，②組合を手工業者の自発的形成に基づく仲間団体とみなす「アイヌング説」，③初期の組合は都市君主の官憲的な目的達成のために用いられた官庁的な団体とみる「アムト説」など，さまざまな学説がある。それらを踏まえて筆者は，自由都市マインツを例にして，まず，組合形成を望んでいた各荘園毎の手工業者に荘園の枠を超えて都市君主が（ほぼ）1つずつの組合を結成させ，時には自らの下級官庁として行政任務（耕地・牧草地・放牧地・河川・道路の監督，廷吏・審判人・簡易訴訟裁判官としての任務，度量衡の監督，徴税など）を負わせた「アムト」段階から，13世紀以降次第に自ら管理権を獲得し，「自律的組織」段階へ移行したと考えている。そして，15

世紀中葉の人口がほぼ6,500人であったマインツ市では，14世紀前半にツンフト（同職組合も含む）は58以上，15世紀前半にツンフトは35前後あった。政治的に，有力ツンフトは肉商，仕立師，織匠など，準有力ツンフトはパン匠，金細工師，雑貨商など，中・小ツンフトは樽匠，果樹栽培人，毛織物仕上工などであった。

「自律的組織」段階での手工業者組合ないしツンフトの特徴は以下のとおりである。

(1) 組合は身分階層的に，生産手段をもち生産にも携わる親方と，賃金労働者の先駆形態である（渡り）職人，賃金は得ないが親方の家で生活する徒弟からなっていたが，親方だけが正規の成員であった。職人を親方に上昇させにくくする中世末期の「ツンフトの閉鎖化」に呼応して，親方は，都市防衛の単位であり，独自の守護聖人を有する宗教的兄弟盟約団でもある各ツンフト毎に，統括者である上級親方や一般親方の自主的選出権，営業規約の自主的制定権，裁判－処罰権，職人－徒弟に対する統制権，同盟結成権を自ら形成し，強めていった。各ツンフト毎に親方は先例＝伝統に基づきつつ規約を制定・改正し，それに則ってツンフト内の紛争を処理したが，その際彼らは相互にコミュニケーションをとり協議の上で合意に達するよう努めていた。この規約の適用は，職人や徒弟に対しては「戦略行為」としての性格が強かったことは言うまでもない。

(2) 中世手工業の経済原則を「ツンフト強制」といい，これは対外的独占原理と対内的平等原理からなる。前者は組合員でなければ営業できないという独占を図る封鎖原理のことである。後者は，――原料の共同購入，職人・徒弟数の制限，道具の規制，労働時間の規制，品質検査，公定価格の決定など――経営上の諸条件を統制して成員たちの平等と伝統的な生活水準を維持しようとする，平等原理のことである。いずれも近代における自由経済的な諸原理と相対立する，封建的な原理であった。

(3) ツンフトはこうした自律性に基づき，特権的市民層（主に有力商人）が議席を独占していた市民自治機関の都市参事会の議席を，他の諸階層とともに要求し，「ツンフト－平民闘争」を行なった。必ずしも常

に成功したわけではなかったが、1世紀あまりの闘争を経て全議席を獲得することに成功した都市もあった。このように有力ツンフト親方は自らが都市参事会員になり都市参事会体制を支えることになったのであるが、議席を得られなかった多数の一般親方は、同盟・戦役・課税・借款などの都市公益に関わる重要な問題については都市参事会に対し「共同統治権」を要求し、それに成功したこともあった（共同体原理）。それゆえ、有力な商人や親方は、重要問題については一般親方から了解を得る必要があったのである。

市民共同体

これら同職団体やツンフトの上に市民共同体が位置していた。この市民共同体を1つの構成要素とするドイツ中世都市の展開を、従来は縦のヘルシャフト（都市君主支配）と横のゲノッセンシャフト（市民の仲間団体＝共同体）との関係から説明し、12／13世紀までを都市君主制の段階、それ以後を市民共同体の段階ととらえることが一般的であった。ここには、近代歴史学が生まれた19世紀における労使間の階級関係が反映されている。イタリアやフランドルと同様にドイツの市民共同体も、12／13世紀以降「宣誓共同体」の形をとることが多く、市民は対外的平和と対内的平和のために宣誓をとおして結合していた。

一方の対外的平和は都市君主など外部の者に対する「防禦と抵抗」の形をとり、従来都市君主が管理していた城壁＝市壁の管理権を奪い、これと外交権により保障されていた。

他方の対内的平和は、「都市住民相互間の平和的な紛争解決、また彼らの利害に即した司法の確保」の形をとり、暴力的な違法行為に関する裁判権、つまり刑事裁判権を形成させた。自由身分である正規の市民は、権利侵害を受けると一族郎党を引き連れてフェーデ（＝暴力による復讐・戦闘）を行なってもよかったし、また都市君主などの裁判所に告訴してもかまわなかった。だが、前者は市内の混乱を招き、復讐の連鎖を生みかねない。また、後者は神判的訴訟手続きや賠償制のゆえに、実

刑を科すことは少なかった。そこで市民は，都市参事会ないし市長のもとに訴え出て，権利の回復をなす旨の宣誓を行なうようになった。こうした「平和誓約」を通して市民たちは自らで，都市参事会ないし市長の仲裁権，調停裁判権，さらには刑事裁判権を作り出していったのである。また，この裁判で適用される刑法・刑事訴訟法は，神法観念の強かった中世において厳密には「法」とは理解されず，「締約」と呼ばれていた。つまり，それは市民全員（ただし，家長に限定）の契約と理解され，毎年，定まった日（例えば都市の守護聖人の祝日）に市民全員でその遵守義務が誓約されたのである。この誓約による同意によって都市法は効力を得たのであって，ここには立法独占の観念はなく，市民平等の共同体原理が働いていた。

　市民共同体は，市民が自らの中から自首的(アウトケファール)に選出する自らの「代表者」たる都市参事会員および市長を頂点として，都市参事会における協議と多数決により政治的独立性，自立的な法制定，自主的な徴税，自律的な「都市経済政策」の確保に努めていった。

共同体原理の限界

　しかし，「市民共同体段階」の14世紀以降の都市を，単純に封鎖原理・平等原理・共同体規制原理を旨とする「共同体」の複合体として把握するだけでよいのであろうか。たしかに同職組合ないしツンフトはその自律性を一層強めていった。だが，市民自治権が高度に展開した皇帝直属の帝国自由都市ですら旧来の都市君主が依然として，ツンフトの最高理事会の理事長を任命し，市内での同職組合の販売権を認可し，市場での販売を監視し処罰し続けた。また，特に市民の生活の根幹に関わる食糧品関係のツンフトに対して，彼が上級親方の選出，裁判 – 処罰，衛生審問 – 処罰の権利を維持し，管理していたのである。

　一方，市民共同体についても以下のことを指摘しなければならない。①都市君主および市民共同体の交替・更新時に，市民と都市参事会は都市君主に対し誠実宣誓を行ない自発的服従を誓った。これに対し都市君

主の側も市民の「自由」＝特権を遵守・確認する義務を負っていた。したがって，都市の統治構造は，都市君主と市民との双務的支配契約に基礎を置きつつ都市君主権が上位にあるという，「重層的二元主義」であった。②都市君主は民事裁判権や，市場の管理権の相当部分を維持し続けた。③多数の中世都市で起こったツンフト－平民闘争に典型的に見られるように，都市参事会側からの一方通行（通達型）の行政（主に増税問題）に対し平民の抵抗が起きた場合，両者の間で相互通行（合意型）による紛争解決が達成されないと，共同体は都市君主による調停に甘んじざるを得ず，自らの体制を維持すべく，かえって上位の都市君主権を再生産させていくことになったのである。

他方，そもそも同職組合やツンフト，市民共同体は平等原理だけで成り立っていたわけではない。前者の同職組合においては，市民権をもつ親方がそうでない職人たちを，有力親方が一般親方を立法，裁判で管理していた。後者の市民共同体においては，①都市君主から重要な特権を付与されていた門閥層（下級貴族になり得た毛織物商や両替商など）と大半の市民・住民とは身分的に明確に区別され，②本来市民全員の締約であった都市法が都市参事会員の契約（さらには定立法）ととらえられるようになったこと，有力市民出自の市長・参事会が裁判権を行使したことに顕在化しているように，少数者支配が行なわれていた。つまり，共同体は平等原理だけでなく，身分制，支配－服従原理によっても成り立っていたのであった。

このように共同体は一面で平等原理により成り立ち自律的であるが，しかし内に支配－服従関係を包含し，他の組織に組み込まれ，それらを支える組織でもあったのである。

2　近世都市

中世末の封建的危機により領主財政が悪化するなかで，唯一君主権だけが徴税権を発展させ，フェーデ，領土・権利の購入や買い戻し，質契約，封主権強化，婚姻政策により中央集権化，「絶対主義」化を進める

ことができた。この近世化過程のなかで都市の自律性も君主権——ドイツでは王権ではなく300前後の領邦君主権——により弱められ、そのなかに組み入れられていった。中世から近世への移行は通常長い期間を経て徐々に行なわれるため、その変化はそれほど明瞭ではない。だがフェーデによる場合、それが明瞭に確認できる。そこで以下では、1462年にマインツ大司教位をめぐる2名の伯のフェーデに巻き込まれて敗北し、それまでの帝国自由都市から近世ドイツの代表的な都市類型である領邦宮廷都市へと地位を降下させたマインツ市を主たる対象にして、都市における共同体の変質を見ていくことにしたい。マインツ大司教を領邦君主とするマインツ選定侯領の首都となった当市において、人口はスウェーデン占領下の三十年戦争期に13,000人から7,000人程度に減少したが、18世紀後半には26,000人に増加した(領邦臣民全体は303,500人)。

同職組合

1462年のフェーデによりマインツ市民(正規)約1,150人のうち約350人が亡くなり、残りの生存市民の大多数が追放処分にあった。それは君主の政治的権力の強大さを見せつける措置ではあったが、経済的には多大の損失をもたらすものであった。そこで、大司教は当市の経済を立て直すべく、被追放市民の都市への帰還を許可し、1460年代末以降矢継ぎ早に17の「兄弟団条令」を発布して、旧来のツンフトを「上から」再編した。

この過程で、帰還が認められたものの門閥はほとんど戻らず、当市は「平民都市」の性格を強めていった。そして、35前後あったツンフトは宗教的・社会経済的な側面の強い17の「兄弟団」(大半は複数の同職組合から構成され、三十年戦争後は再びツンフトと呼称)に再編され、以下のように君主権により政治的な自律権を大きく制限された。

(1) 中世以来、各ツンフトが自ら慣習法的に作り上げてきた管理権(立法権、裁判権、行政権)を、君主は彼の兄弟団条令制定権や改正権、

兄弟団の統括者（「上級親方」や検査頭）の任命権，兄弟団関係の裁判開催，兄弟団集会の監督などにより制約した。

　(2) 君主官庁としての性格を強められた都市参事会は各兄弟団を監督下に置き，集会を主催し，有力親方を指名し，紛争を処理するようになった。

　(3) 中世以来の「ツンフト強制」（労働条件の平等化──原料先買い，原料などの「平等配分」，労働日時の規制──，品質・量の維持，独占権の承認，兄弟団内の身分制──親方作品，親方職世襲，職人問題──）は確かに認められている。しかし，経済的に封鎖性，平等性を原理とする，親方利害に即したこの封建的原則は，いまや君主権の「保護」により維持されるようになっていた。したがって，君主権側が「重商主義」的観点から，これまでの多額の親方作品認定料・親方加入料や長期の職人遍歴を抑制することにより「ツンフト強制」を緩和する政策を打ち出すと，親方たちはそれに従わざるを得なかったのである。

　しかし，その一方で，兄弟団の親方は一般親方を自主的に選出し，各集会において実質的に協議・合意により判決を決定し（君主権との「共同統治」），営業上の機密事項については自主的に規約を作成していた（「口伝の法」）。

　このように君主権による統制と親方相互の合意に基づく自律性との両側面をもつ兄弟団は「中間権力」であり，君主はこの中間権力を束ねることにより統治を安定化させ，展開し，中間権力は君主の保護により自らの利害の維持に努めていた。経済的に封鎖原理，平等原理は維持され，制限されているとはいえ共同体規制原理も残っているこうした同職組合は，共同体といってよい。

市民共同体

　それでは市民全体のレベルではどうであったのか。中世都市の住民のほとんどは商工業者であったが，近世の宮廷都市には，市民とは裁判籍が異なるなど市民の範疇に入らない，貴族出身の中央官僚や都市官僚，

軍人が多数居住するようになり，市民共同体の比重が低下した。さらに，確かに近世の都市統治も市民の誠実宣誓という被治者の合意に基づいている点で前近代的な重層的二元主義構造を呈していたが，市民の「服従」義務が強調され，領邦君主の堅約内容は「臣民の保護」だけになり，市民の権利の遵守が消えている。こうした「片務」的支配契約に，また都市参事会による誠実宣誓の消失に，市民自治権の低下が認められる。

　中世の市民共同体を統合し統治していた都市参事会は確かに存在し続けていた。だが，近世になると，都市参事会員は君主により任免され給与を支払われる「君主官僚」としての性格を色濃く帯びるようになった。君主により上から「寡頭制化」された都市参事会は「君主官庁」としての地位を強められたのであって，都市参事会の議席やそれとの共同統治権を要求したツンフト－平民闘争が近世に起こらなかったことに，そのことが顕在化している。確かに都市参事会の権限は，兄弟団の監督，軍事－行政，民事裁判，刑事事件審理の補佐など，多かったのであるが，君主役人の監督下に置かれていた。せいぜい，参事会員に欠員が生じたときの内部推薦権と中核になる参事会員の終身任期制（長期にわたる在任によって独自の統治慣習，手続き，判断，精神を形作っていく契機）とによって自律性を確保し得たにしか過ぎない。その限りで都市参事会は「中間権力」であり，近世の市民自治は「君主から委任された自治」と理解されるのである。

　こうした都市参事会により市民全体が統合される場合，それは上からの一方通行型の性格が強かった。中世と異なり，市民全体が都市参事会などの統治機関とともに「共同統治」を行なったり，広場において独自の全体集会をもつということはきわめて稀となり，中世的な意味での自律的な市民共同体は崩れていった。そして，都市住民が市民権をもつ有力商人（多くの都市ではその上位に都市貴族がいた），公証人や中小商人，手工業親方と，市民権をもたない「下層市民」（職人や奉公人，日雇い労働者）に分裂することが一層強まり，諸階層が平等であることが

困難となり，このことが市民共同体の崩壊に一層拍車をかけた。

共同体原理のさらなる限界

以上見てきたように，近世において共同体原理はもはや市民全体のレベルでは実質的に機能する程度は減少し，各同職組合毎に「ツンフト強制」原理として機能していた。だが，この「ツンフト強制」原理も，君主の保護のもとに維持できたのであり，君主の意思によりそれは緩和され，改変させられ得たのであった。

おわりに

対外的な「封鎖」原理，対内的な「平等」原理，経済外的な「共同体規制」原理を備えた自律的な共同体は，成員相互の了解＝コミュニケーション行為をとおして，中世都市においては同職組合やツンフト，そして市民共同体として現われていた。しかし，近世都市になるとそれは主に同職組合としてしか現われず，市民全体のレベルでは市民など住民は君主権により統合化される存在という性格を強めていった。そして，近代になると，一方で市民革命などにより中央集権化が完成し，他方で産業革命などにより自由経済的な資本主義が進展し，これらをとおして中世以来の自律的で封建的な共同体は決定的に解体したのであった。

参考文献
①M. ウェーバー，世良晃志郎訳『都市の類型学』創文社，1964年
②大塚久雄『共同体の基礎理論』（『大塚久雄著作集』第7巻）岩波書店，1969年
③J. クーリッシェル，伊藤栄他訳『ヨーロッパ中世経済史』東洋経済新報社，1974年
④J. クーリッシェル，諸田實他訳『ヨーロッパ近世経済史Ⅰ』同上，1982年
⑤神寶秀夫『中・近世ドイツ都市の統治構造と変質』創文社，2010年
⑥中岡成文『ハーバーマス：コミュニケーション行為』講談社，2003年
⑦H. ピレンヌ，佐々木克巳訳『中世都市』（歴史学叢書）創文社，1970年
⑧H. プラーニッツ，鯖田豊之訳『中世都市成立論・改訳版』未來社，1995年
⑨A. フルヒュルスト，森本芳樹他訳『中世都市の形成』岩波書店，2001年

11 モンゴル時代多元社会におけるコミュニケーション
―― 言語接触からみたモンゴル語と漢語の翻訳文体・口頭語 ――

舩田善之
(東洋史学)

はじめに

　13〜14世紀，モンゴル帝国によるユーラシアのほとんどを覆う征服と支配は，直接・間接問わず，アフロ・ユーラシア各地に大きな影響を与えた。近年，この「モンゴル時代」の重要性が主張され，研究上大きな進展がみられる。モンゴル時代はアフロ・ユーラシア史において大きな変動をもたらした重要な分岐点であり，それは東ユーラシアにおいても例外ではなかった。

　モンゴル時代の変動が東ユーラシアにもたらした特色として，人類の活動に関わる各局面（民族・信仰・文化・社会・言語等）の多元性を挙げることができる。もちろん，単一的な文化とか社会というのは，想像の産物に過ぎない。例えば，南下した遊牧民・狩猟民が大きく歴史展開を形作っていた中国北部をはじめとして，モンゴル帝国以前の東ユーラシアは早くから多元的な様相を呈していた。しかしながら，モンゴルの急速な拡大とその超高域帝国の成立によって，その多元性は一つの絶頂に達したといってよい。そして，多元社会は往々にして多言語社会であった。こうした状況は，モンゴル帝国に強制されて，あるいは自発的に，捕虜・奴隷・罪人・軍人・技術者・知識人・伝道者・商人・統治者等各種各様の人々が東西南北に移動した結果であった。現代風に言うならば，アフロ・ユーラシアの「民族」地図と言語地図は，モンゴル時代に大きく塗りかえられたのである。

　こうした特徴的な時代において，モンゴルは言語を異にする治下の社会に対して，どのように情報を伝達していたのであろうか。本章では，

モンゴル語から漢語への翻訳とその影響に焦点を当てて，モンゴル時代のコミュニケーションと言語を考えてみたい。

1 モンゴル時代東ユーラシアの多元社会を伝える史資料

本節では，モンゴル時代の東ユーラシアの特色としての多元性に具体的なイメージをもってもらうために，こうした状況を伝える史資料（文献・モノ・遺跡）を提示する。

最初に，陶宗儀（とうそうぎ）（1316～69）による『南村輟耕録（なんそんてっこうろく）』巻1「氏族」を開いてみよう。そこには，蒙古72種・色目31種・漢人8種が挙げられ，当時の中国に数多くのエスニック・グループが居住していたことが知られる。漢人すらも複合的な集団であったことにも注意を促したい。人々の信仰も多様であった。中国に従来からあった寺観祠廟のほか，チベット仏教寺院，キリスト教の教会やイスラームのモスクも各地に建てられていた。さらに，マニ教やヒンドゥー教の痕跡も見いだすことができる。モンゴル時代東ユーラシアにおける中核都市であったハルホリン（カラコルム）・北京（大都）・上都・ハラホト（エシネ）・西安（京兆）・杭州・泉州等の街や遺跡を歩けば，今なおその遺産を実感することができる。

次に劉貫道「画元世祖出猟図」（図11-1）を見てみよう。この絵は，モンゴル帝国第5代ハーン，フビライが狩猟に出かけたときの様子を描いたもので，現在は台北の故宮博物院に所蔵されている。フビライの側近集団が様々な容貌の人々から構成されていたことが窺える。

こうしたエスニシティの多元性は当時の文化状況にも大きな影響を与えた。その一例として龍谷大学所蔵トルファン（中国新疆ウイグル自治区）出土の「絵入りウイグル文『スダーナ本生話』」（図11-2）を見てみよう。仏教説話をウイグル文字ウイグル語で翻訳した書籍の一部であり，当時のウイグル仏教の一端を知ることができる。同時に，これは当時中国で流行した上図下文形式の木版本であり，明らかに中国の文化・技術の影響がみられる。さらに注目されるのは，絵に描かれるスダーナ

11 モンゴル時代多元社会におけるコミュニケーション

図 11-1　劉貫道「画元世祖出猟図」部分（文献① 26 頁）

図 11-2　絵入りウイグル文『スダーナ本生話』断片（文献② 21 頁）

太子の風貌である。髪型・衣服・履物は全くモンゴル式なのである。この資料にウイグル・中国・モンゴルの複合文化が凝縮していることには驚嘆を禁じ得ない。

　エスニシティや社会・文化の多元性を直截に反映するものとして，言語・文字がある。北京から八達嶺長城へ向かう観光客は，途中で必ず峡谷の隘路を通過する。モンゴル時代に南北口と呼ばれた居庸関(きょようかん)である。1342〜45年にかけて建造されたチベット式仏塔はすでに失われているが，その基台部分の雲台が現存している。そのアーチの内壁には，陀羅尼経文(だらにきょうもん)と造塔功徳記(ぞうとうくどくき)（仏塔造営の由来を記した文章）が漢字・ランツァ文字（サンスクリット）・ウイグル文字・チベット文字・パスパ文字・西夏文字の 6 種類の文字によって刻まれている［文献③］。当時の多言語・多文字世界の縮図であり，これが遊牧世界と農耕世界の交錯点・結節点であった居庸関に存在していたことは，象徴的である。

　居庸関雲台は，仏教を信仰する人々の言語・文字に限定されるが，モンゴル時代の史資料には，これらの文字のほか，アラビア文字・シリア文字・ラテン文字も見いだすことができる。例えば，当時屈指の港湾都市であった泉州では，これらの文字で刻まれたムスリムやキリスト教徒の墓碑が発見された［文献④・⑤］。また，1983〜84年には，中国内モンゴル自治区のハラホト遺跡から，ウイグル文字（モンゴル語・ウイグル語）・パスパ文字（モンゴル語・漢語）・アラビア文字（アラビア語・ペルシア語・テュルク語）・シリア文字（シリア語・テュルク語）・西夏文字・漢字で記された文書群が発掘された［文献⑥］。

　以上の事例は，ほんの一部を取り上げたに過ぎず，数多くの文献・モノ・遺跡から，モンゴル時代東ユーラシアの多元性を感じ取ることができる。さらに，鷹島海底遺跡で発見された官印（図 11-3），博多遺跡出土銅銭・印章［文献⑧ 91頁］や，日本に伝来した典籍［文献⑨ 196-197頁］・文書［文献⑩図版 1・2］の中にも，パスパ文字が用いられているものが含まれている。モンゴル時代の多元性の余波は日本列島にも及んでいたのである。

11 モンゴル時代多元社会におけるコミュニケーション

図 11-3　鷹島海底遺跡で発見された官印
「管軍総把印」（文献⑦ 12 頁）

2　モンゴル時代の漢語（中国語）会話教本

　上述のような状況にあったため，モンゴル時代は，多言語に通じた人材が輩出し，重用され，また翻訳や言語習得が盛んに行われた時代でもあった。ハーンの御前会議では通訳の出番も少なくなかった。公文書の翻訳は恒常的に行われる必要があり，多言語文書も往来した。そのため，モンゴル政権の官庁には翻訳・通訳を担当する人員が配備され，こうした人材を養成する教育機関も整備された。当時の官僚の履歴書には，どの言語に通じているか記載することが求められていた。ハード面の整備とともに，辞書・字書の編纂，典籍の翻訳等ソフト面の整備も進められた。

　こうした潮流の中で成立したのが，朝鮮王朝が漢語教育に用いた教本『老乞大』である［文献⑪］。この『老乞大』は，1998 年に，朝鮮初期の版本が発見された。その内容から，高麗後半・モンゴル時代後半に成ったテキストであると考えられている。以下は，冒頭で，登場人物の高麗人と漢人とが出会った場面で交わされる会話である。

　　漢人（以下「漢」）：恁是高麗人，却怎麽漢児言語説的好有？／おま
　　　　えさんは高麗人なのに，どうして漢人のことばを話すのが上手な

149

第Ⅲ部　歴史的・現代的視点

んだい？

高麗人（以下「高」）：俺漢児人［上］学文書来的上頭，些小漢児言語省的**有**。／私は，漢人のところで勉強したので，少し漢人のことばがわかるんだ。

漢：你誰**根底**［学］文書来？／おまえさんは誰のところで勉強したのかね？

高：我在漢児学堂裏学文書来。／私は漢人の学校で勉強したんだ。

〔…中略…〕

高：如今朝廷一統天下，世間用著的是漢児言語。咱這高麗言語，只是高麗田地裏行的。過的義州，漢児田地裏来，都是漢児言語。有人問著，一句話也説不得時，教別人将咱每做甚麼人看。／いま，朝廷が天下を統一して，世間で使っているのは漢人のことばだ。わしら高麗のことばは，ただ高麗の地で通用するだけで，義州を過ぎ，漢人の地に来たら，みんな漢人のことばだ。誰かに尋ねられて，一言も話せないようじゃ，わしらはどんな人だと人さまに訝らせちまう。

漢：你這般学漢児文書**呵**，是你自意裏学来那，你的爺娘教你学来？／おまえさんがそんな風に漢人の書物を勉強するようになったのは，自分から勉強したのかね，それとも親御さんに勉強させられたのかね？

高：是爺娘教我学来。／両親に勉強させられたんだ。

漢：你学了多少時？／どのくらい勉強したのかね？

高：我学半年有余也。／半年余りになるね。

漢：省的那省不的？／わかるようになったかい？

高：毎日和漢児学生毎一処学文書来**的上頭**，些小理会的**有**。／毎日漢人の学生たちといっしょに勉強したので，少しはわかるさ。

漢：你的師傅是甚麼人？／おまえさんの先生は何人だい？

高：是漢児人**有**。／漢人だ。

この史料は，当時の多元性を直接・間接に反映したものである。それは，高麗人と漢人の交流という意味においてだけではない。テキストの内容からは，両者の接触と交流を窺い知ることができるだけであるが，テキストの言語に注目すると，全く別の様相が浮かび上がるのである。すなわち，このやりとりを一読して，会話教本ならではの口頭語のやりとりを実体験しているような印象を受けるとともに，ところどころ漢語（中国語）として不自然な箇所（ゴシック体の箇所）があることに気づく。なぜ会話教本にこのような不自然な言い回しが載っているのだろうか。

3　モンゴル時代の公文書における翻訳文体

　興味深いのは，『老乞大』の不自然な言い回しと共通の言語要素が当時の公文書にもみられることである。以下に公文書集成史料『大元聖政国朝典章』からいくつかの例を引用する。

①桑哥等要肚皮**的上頭**，別了聖旨，根脚地面裏做官来**的有**。／サンガらが賄賂をもとめるために，聖旨にそむいて，出身の地で官となった者がいる（典章8・吏部巻・官制2・選格・自己地面休做官）。

②識会蒙古文字**的毎**，月日満了**呵**，比漢児・回回令史一等高委付**有**。如今蒙古文字学**的**寛広也，学**的**人毎多是漢児・回回・畏吾児人**有**。／モンゴル文字〔パスパ字を指す〕がわかる者たちは，任期が満了したら，漢児〔漢人〕令史・回回〔主としてムスリムを指す〕令史より一等高く任命している。いまやモンゴル文字を学ぶ者は多くなり，学ぶ者たちは多く漢人・回回・ウイグル人である。（典章8・吏部巻2・官制2・月日・官員升転月日）。

③我廻説，我是達達人**有**。／私は答えて言った，「私はモンゴル人である」（典章9・吏部巻3・官制3・投下官・又〔投下不得勾職官〕12a）。

④「人毎的駆毎**根底**，百姓毎**根底**女孩児与了**有**。男児死了**呵**，媳婦・孩児做百姓的体例**有**」道**有**。／「人びとの奴隷たちに，常民たちの娘を与えている。夫が死んだら，妻・子どもは常民になるきまりがあ

151

る」と言っている（典章18・戸部巻4・婚姻・駆良婚・良人不得嫁娶駆奴）。

⑤又那姓陳的令史毎的頭児，那殺了的人的筆体**根底**学着，「我少人的銭有。更和人一処打官司**有**。我自抹死也」麼道，這般捏合，写下文書，那死了的人的懐[裏]教揣着来。／またその姓を陳という令史たちの頭目が，その殺した人の筆跡をまねて，「私は人に借金をしています。また人と一緒に訴えを起こしています。私は首を切って自殺します」と，このようにでっち上げて，文書を書き，その死んだ人の懐に隠させた（典章42・刑部巻4・諸殺1・故殺・倚勢抹死県尹）。

以上は，いずれも，「モンゴル語直訳体」等と称せられる文体によって記された公文書の一部である［文献⑫］。「モンゴル語直訳体」とはモンゴル政権がモンゴル語の命令文を漢語に翻訳するために，採用した翻訳文体である。モンゴル語の統語構造を一定程度保ちつつ，語彙は漢語の口語のそれを用いた，独特の文体である。それは，モンゴル語と漢語の接触によって新たに創出された言語であり，モンゴル語世界と漢語世界をつなぐ橋渡し言語であった。

小さな遊牧集団だったモンゴルがモンゴル高原を統一したことによって成立したモンゴル帝国は，当初より多様な人々から構成されていた。そして，急速な軍事拡大によって，ユーラシアの大半を領有する超高域帝国に成長し，治下には様々な言語を話す人々が暮らしていた。ハーンや中枢部はモンゴル語で命令を発していたが，帝国のすべての住民がモンゴル語を理解するわけではなく，当初より，発令先の事情に合わせて，モンゴル語の命令を現地の言語に翻訳していた。外交文書においても同様であった。

モンゴルの統治者たちは，とこしえの天の力に基づく神聖なハーン（皇帝）の命令をなるべく改変することなく，かつ命令内容を精確に伝えるために，逐語訳的な翻訳方法を採用していた。その翻訳過程では，

すべての語句で翻訳ミスが生じないように，一語一語確認して翻訳させる方法がとられていた。この方式が，時としてモンゴル語の統語構造を保持するような非常に生硬な翻訳文を形成させたのであった［文献⑬］。また，独特の文体が用いられることは，その部分がもともとモンゴル語であったこと，その命令が帝国統治層によってなされたことを示す機能も有していた［文献⑭ 201-202 頁］。

　上の①〜⑤に現れる直訳体の特徴は次のように説明される。例えば，上の①〜⑤に共通して現れる句末の「有」は，モンゴル語の助動詞を兼ねる動詞（a-, bü-／ある，いる），あるいは動詞の形動詞語尾（主に現在形）を直訳したものである。モンゴル語は，日本語同様に，動詞は目的語などに対して後置され，動詞の語幹の後ろに各種の語尾が接続する。これらの「有」が句末に置かれているのは，モンゴル語の統語構造を保持しているからにほかならない。次に，④⑤にみえる「根底」は，モンゴル語の格語尾のうち，与位格（-a/-e, -da/-de, -ta/-te, -dur/-dür, -tur/-tür／〜へ，〜に，〜で）・奪格（-ača/-eče, -dača/-deče／〜から）・対格（-yi, -i／〜を）を直訳したものである。モンゴル語の格語尾も，日本語の格助詞同様，名詞・代名詞に後置される。④の「駆毎根底」（奴隷たちに），⑤の「筆体根底」（筆跡を）など，すべてモンゴル語の統語構造を保持したまま翻訳されている。「〜根底」は，宋元時代の白話で「〜のもと」を意味する用法があったために，格語尾の翻訳語彙として採用されたと考えられる 。最後に，①にみえる「〜的上頭」は，モンゴル語の，「属格＋tula/tulada」（〜のために）を直訳したものである。

　『老乞大』中の，漢語として不自然な箇所は，とりもなおさず，以上の直訳体の特徴と共通する。したがって，『老乞大』の不自然な漢語は，直訳体と何らかの関係があることになる。換言すれば，『老乞大』が伝える漢語もまた，モンゴル時代の多元社会の一端を反映しているのである。それでは，『老乞大』のような漢語教本に，公文書で用いられた独特の翻訳文体である直訳体と共通の言語要素がみられる現象には，いか

なる理由・背景があるのだろうか。

4 『老乞大』の言語とモンゴル語直訳体の関係

上述のように，直訳体は，一定の規則に従ってモンゴル語を漢語に翻訳する文体であり，モンゴル語から翻訳された公文書に用いられている。われわれは，公文書のほか，その抄本，石刻・典籍の形でみることができる。

他方，こうした直訳体と共通の言語要素がみられる文献は『老乞大』に限らない。『老乞大』と同様に朝鮮王朝で漢語教本として使用された『朴通事』，ハーンに経史を進講する経筵で使用された講稿及びこれに類する経書の白話による解説書（貫雲石『孝経直解』など），書簡，類書に収録される挨拶・会話の例文，元雑劇の台詞の一部などを挙げることができる。暫定的に，直訳体と共通の言語要素をもつが，モンゴル語から直訳体のルールに従って翻訳されたものではない（あるいは翻訳されたものかどうか不明である）文献を擬似直訳体と呼んでおこう。これらの文献については，口語を反映しているとする見解と，モンゴル語からの翻訳，すなわち直訳体そのものであるとする見解とが提出されており，いまだに一致をみていない。さらに前者の見解をとる研究者においても，4世紀以来のアルタイ系言語と漢語の接触によって不断に生成されてきたとする立場から，モンゴル語や直訳体の影響を様々なレベルで想定する立場まで，ばらつきがある［文献⑭ 181-186頁・⑮ 4-6頁］。

そこで，次節では，『老乞大』の言語をどのように理解すべきかについて考えてみよう。

5 『老乞大』はモンゴル語からの翻訳文献か

筆者は，『老乞大』がモンゴル語から翻訳された文献ではないと考えている。本節では，その根拠を簡単に述べることとしたい。

理由の第一は，『老乞大』における「漢児言語」の用法（本章2節）と『老乞大』そのものの内容である。この「漢児」は，本来の意味での

「漢人」を指すと理解すべきであろう。つまり，『老乞大』の会話は，「漢児田地」（漢人の地）で通行する「漢児言語」（漢人のことば）であったことになる。そして，『老乞大』の描く内容は，大都に商売をしに行く高麗人が，旅の途中で，漢人と道連れになり，大都まで行き，大都で商売をするという，すこぶる実際的な内容である。まさに高麗人が漢語を学ぶための教本として，さらには旅や商売・生活の指南書としてうってつけの内容となっている［文献⑯ 3-15 頁］。その描く世界は漢語世界であり，モンゴル語世界では決してない。内容からも，モンゴル語からの翻訳とは考えにくい。

　第二の理由は，当時の挨拶・会話用例集や書簡（私信）などにも，直訳体と共通の特徴を有するものがあることである［文献⑰ 317-318 頁・⑱ 89 頁］。これらは，モンゴル語から翻訳されたものではないことは明らかであり，書信や会話に直訳体的な言辞が用いられたことを証明する。

　第三の理由は，『老乞大』にみえる指示代名詞「兀的」「阿的」「兀那」の存在である。モンゴル語直訳体においては，指示代名詞を「這」「這的毎」「那」「那的毎」「他毎」と翻訳するのが定式であり，「阿的」「兀的」「兀那」はみられない。つまり，「阿的」「兀的」「兀那」は直訳体の語彙ではなく，これらが出現する文献は，直訳体のルールに則ってモンゴル語から翻訳された文献ではない［文献⑮ 7-8 頁・⑲］。

　以上から，『老乞大』の漢語がモンゴル語から直訳したものではないことは，明らかである。直訳体と共通の言語要素にばかり目を奪われがちであるが，『老乞大』を通して読めば，むしろ口頭語として通用する漢語であることに気づくはずである。

6　モンゴル語直訳体の漢語口頭語への影響

　それでは，モンゴル語から直訳体の方式で翻訳したわけではない『老乞大』のような文献に直訳体の言語的特徴がみられるのは，どうしてであろうか。ここに，直訳体の言語要素が当時の口語・口頭語へ与えた影

第Ⅲ部　歴史的・現代的視点

響を想定する必要が生じる。直訳体は文書行政におけるモンゴル語翻訳のために生成した書面語の文体であった。しかし，書面語はどこまでいっても文字のままで音声とは無縁のものであろうか。常識的に考えれば，その答は否である。

　直訳体公文書の中でもっとも権威のあるハーンの聖旨をはじめとする命令文書は，発令先において開読，すなわち開封の上で音読された。開読を含む一連の儀式は，官や宗教の世界の枠内に止まったものではなく，民の世界まで広がる形で挙行されていた。そして，その命令内容は，発令対象者など関係者が音読されるのを耳にして初めて実行力をもったのであった［文献⑳ 58-59 頁・㉑ 96 頁］。

　そして，公文書を常に取り扱っていた官僚・胥吏（しょり）は日頃から直訳体の文体を目にしていた。彼らは，公文書の草案を作成し，会議ではそれを基に議論し，政務が裁定されれば，その公文書を清書し，各自がサインを書き込み，最終的に官庁の公印が押されていた。その過程では，公文書や草案を音読することによる報告や議論がなされたに違いない。また，公文書作成・発給に際しては，誤脱を防ぐために，首領官・令史の読み合わせによる検査が求められていた。このように，日常業務において，直訳体で書かれた公文書は，しばしば音読されていた。

　そして，一般民衆も，徴税文書・榜文（ぼうぶん）（告示文），そして，上述したように，命令文書の「開読」という形で接していた。さらには，直訳体の公文書を刻した石碑が，全国の寺観祠廟や官衙・学校において立てられており，その多くが様々な人びとの目に触れていた。識字層に属さない人びとは，目で読むのではなく耳で聞く，という形で接せざるを得ず，その音声が彼らの口頭語に影響を与えなかったと考える方が不自然であろう。とくに，直訳体に頻出する句末・文末の「呵」・「有」・「根底」・「麼道」は音声として非常に耳に響いたはずで，こうした直訳体の言語要素は，とりわけ強く口頭語に影響を与えたことが推測される。

おわりに

　直訳体は，翻訳文体とはいえ，前近代において国家がそれまでになかった文体を創造し，その使用を強いたという点で画期的なものであった。しかも，それは，漢語の語彙とモンゴル語の統語構造を基本とする接触言語であった。この文体は，文語の語彙を基礎としてきた漢語世界の公文書にも大きな変革をもたらした。そして，その言語は口頭語にも一定の影響を与えたのである。国家の政策が，たとえ限定的であるにせよ，言語を変容させたことは大いに注目される。また，現在の漢語（中国語）の普通話（北京語を基礎とした標準語）の形成を漢語とアルタイ系言語との接触に求める仮説があり［文献㉒ 50-57 頁］，この現象は，その仮説を検証するための一つの材料ともなる。

　歴史上，あるいは現在においても，他言語との接触や翻訳という営為が一つの言語やその文体を変容させることは決して珍しいことではない。本章で示した現象は，その中でもユニークな事例に位置づけることができ，多言語社会におけるコミュニケーションを考える上で多くの示唆を与えてくれる。

引用文献

①石守謙・葛婉章主編『大汗的世紀　蒙元時代的多元文化与芸術』国立故宮博物院，2001 年
②龍谷大学大宮図書館編『龍谷大学大宮図書館　2010 年度春季特別展観　大谷探検隊展――将来品と個人コレクション――』龍谷大学大宮図書館，2010 年
③村田治郎編著『居庸関』第 1 巻，京都大学工学部，1958 年
④福建省泉州海外交通史博物館編『泉州伊斯蘭教石刻』寧夏人民出版社・福建人民出版社，1984 年
⑤呉文良原著，呉幼雄増訂『泉州宗教石刻』増訂本，科学出版社，2005 年
⑥吉田順一・チメドドルジ編『ハラホト出土モンゴル文書の研究』雄山閣，2008 年
⑦長崎県鷹島町教育委員会『鷹島海底遺跡Ⅶ』（鷹島町文化財調査報告書第 6 集），長崎県鷹島町教育委員会，2002 年
⑧国立歴史民俗博物館編『東アジア中世街道――海商・港・沈没船――』毎日新

聞社，2005 年
⑨宮紀子『モンゴル帝国が生んだ世界図』日本経済新聞社，2007 年
⑩中村栄孝『日鮮関係史の研究』上，吉川弘文館，1965 年
⑪金文京・玄幸子・佐藤晴彦訳注，鄭光解説『老乞大——朝鮮中世の中国語会話読本』平凡社，2002 年
⑫田中謙二「元典章文書の研究」『田中謙二著作集』第 2 巻，汲古書院，2000 年
⑬舩田善之「蒙文直訳体の成立をめぐって——モンゴル政権における公文書翻訳システムの端緒——」『語学教育フォーラム』13，2007 年
⑭宮紀子『モンゴル時代の出版文化』名古屋大学出版会，2006 年
⑮舩田善之「モンゴル語直訳体の漢語への影響——モンゴル帝国の言語政策と漢語世界——」『歴史学研究』875，2011 年
⑯舩田善之「元代史料としての旧本『老乞大』——鈔と物価の記載を中心として」『東洋学報』83-1，2001 年
⑰川澄哲也「元代の「擬蒙漢語」と現代の青海・甘粛方言」『京都大学言語学研究』22，2003 年
⑱金文京「漢児言語考」，厳翼相・遠藤光暁編『韓国的中国語言学資料研究』学古房，2006 年
⑲舩田善之「古本『老乞大』中的 "兀的""兀那""阿的"——兼談古本『老乞大』与蒙文直訳体之語源特徴及其地位」『歴史語言学研究』4，2011 年
⑳舩田善之「元代の命令文書の開読について」『東洋史研究』63-4，2005 年
㉑舩田善之「「霊巌寺執照碑」碑陽所刻文書を通してみた元代文書行政の一断面」『アジア・アフリカ言語文化研究』70，2005 年
㉒橋本萬太郎『橋本萬太郎著作集　第 1 巻　言語類型地理論・文法』内山書店，2000 年

12 過疎高齢社会における社会参加活動

高 野 和 良
（地域福祉社会学）

はじめに

　地域社会に対する関心が高まっている。かつては存在したとされる近隣関係が崩れていったという感覚は多くの人々が共有するところとなり，また，こうした事態の象徴として児童虐待や孤独死などの問題が注目され，問題の解決のためには地域社会の役割を今こそ見直すべきではないかという指摘も少なくない。また，もっとも身近で基礎的な集団である家族の状況をみるならば，ひとり暮らしや夫婦だけで暮らす世帯が，とりわけ高齢層に増えつつあることに気づく。こうした状況も，様々な生活課題への対応を，地域社会の活動によって補完しようとする動きにつながっている。しかし，ひとり暮らしや夫婦のみの世帯が増加している地域社会に，そもそも課題解決のための余力があるとはにわかには考えにくい。

　こうした事態が深刻化しているのが過疎地域である。日本社会では1960年代に地方から大都市圏への大規模な人口移動が起こり，急激な人口減少を経験してきた地域を過疎地域と呼んでいるが，過疎地域では人口流出が続き，世帯は極小化し，集落の消滅すら起こりつつある。高齢者がこれまで何とか支えてきた集落では，様々な地域集団，組織が急激に弱体化し，将来展望を描きにくくなってきた。

　本章では，まず，過疎の現状と，日本社会における高齢化と世帯の小規模化が九州，中四国で進行していることを確認したうえで，九州地区の過疎地域の事例をもとに，過疎高齢者の社会参加活動をめぐる課題について検討することとしたい。

1 過疎化の経過と現状

過疎化の再進行が指摘されている。過疎地域の人口減少率の推移をみると，2000（平成12）年から2005（平成17）年の減少率は5.4％となっており，1995（平成7）年以降，徐々に大きくなりつつある（図12-1）。

過疎とは法律上の概念でもある。農山村としての地方から大都市圏への人口移動が1960年代から急激に進む事態の中で，「過疎地域対策緊急措置法」（1970年）が10年間の時限法として施行され，過疎市町村が「人口要件」と「財政力要件」の組み合わせによって指定されることとなった。人口要件は，1960年から1965年までの5年間の人口減少率が10％以上であること，財政力要件は，1966年から1968年までの財政力指数0.4未満が要件とされた。その後，「過疎地域振興特別措置法」（1980～1989年），「過疎地域活性化特別措置法」（1990～1999年），「過疎地域自立促進特別措置法」（2000～2014年）と継続されてきた。現行の過疎地域自立促進特別措置法第一条において，過疎地域とは「人口の著しい減少に伴って地域社会における活力が低下し，生産機能および生活環境の整備等が他の地域に比較して低位にある地域」と定義されている[1]。過疎地域対策緊急措置法の施行当初（1970年），定義に合致した市町村数は全国で776であったが，その後増加し，2000年の過疎地域自立促進特別措置法施行時は，1,171市町村に達した。しかし，地方分権の推進，少子高齢化への対応，広域的な行政需要への対応，国・地方の財政再建などを目的［文献⑧］とする市町村合併によって，見かけ上過疎市町村は減少し，2010年の過疎地域自立促進特別措置法延長時の

---

1) 過疎の要件は，人口要件として① 1960年から2005年まで（45年間）の人口減少率が33％以上，② 1960年から2005年まで（45年間）の人口減少率が28％以上かつ2005年の高齢者比率29％以上，③ 1960年から2005年まで（45年間）の人口減少率28％以上かつ2005年若年者（15歳以上30歳未満）比率14％以下，④ 1980年から2005年まで（25年間）の人口減少率17％以上のいずれかとされており，財政力要件としては2006年から2009年の間の財政力指数が0.56以下，公営競技収益20億円以下とされている。

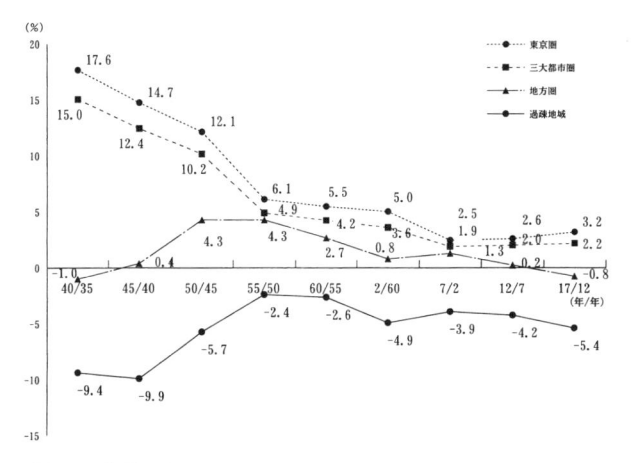

12 過疎高齢社会における社会参加活動

(備考) 1 国勢調査による。
　　　 2 過疎地域は、平成20年4月1日現在。
　　　 3 三大都市圏とは、東京圏（埼玉県、千葉県、東京都及び神奈川県の区域）、大阪圏（京都府、大阪府及び兵庫県の区域）、名古屋圏（岐阜県、愛知県及び三重県の区域）をいい、地方圏とは三大都市圏以外の区域をいう。

図12-1 過疎地域，三大都市圏，地方圏等の人口増減率の推移
（文献⑦より）

2010年には，奇しくも1970年当時と同数の776市町村となった。ここで詳細に検討する余裕はないが，市町村合併の結果，行政組織は当面の問題をひとまず先送りできたかのようであるが，地域住民の生活が大きく改善されたとはいえず，むしろ様々な課題が生起しつつある［文献⑫］。とりわけ市町村合併の影響を強く受けているのは，合併せざるを得ないところまで追い込まれた過疎地域であることを忘れてはならない。

2010年4月時点での過疎市町村数は，先述のように776市町村（全市町村の44.9％）であり，これらの市町村が占める面積は，国土面積の57.3％に達するが，過疎市町村の人口（2005年国勢調査人口）は，全人口の8.8％にすぎないのである。

以上，人口要件と財政力要件といった行政的な視点から捉えた過疎の定義をやや細かく紹介してきたが，社会学的に過疎を定義するならば，

161

第Ⅲ部　歴史的・現代的視点

　過疎地域で生活する人々の意識の様態に基づく次の指摘は重要である。「農村人口と農家戸数の流出が大量に，かつ急激に発生した結果，その地域に残った人々の生産と社会生活の諸機能が麻痺し，地域の生産の縮小とむら社会自体の崩壊がおこること，そしてまた住民意識の面では，"資本からの阻害"という，農民のもつ一般的阻害の上に"普通農村からの阻害"がもうひとつつけ加わる形で，いわば"二重の阻害"にさいなまれるという意識の阻害状況がおき，これが生産縮小とむら社会の崩壊に向かって作用していく悪循環過程」［文献①］としての過疎認識である。過疎地域住民の意識が二重に阻害されているという指摘は，近年注目を集めている「限界集落論」の限界についても考えさせられる。限界集落とは，「65歳以上の高齢者が集落人口の50％を超え，独居老人世帯が増加し集落の共同生活機能が低下し，社会的共同生活の維持が困難な状態にある集落」［文献⑥］であるが，マスコミなどによって高齢化率50％以上という点が強調されすぎている。過疎地域を集落単位でみると，高齢化率100％という集落も稀ではなくなりつつある。しかし，こうした集落が全て限界状態にあるかといえば，決してそうではない。例えば，集落に70歳代の「若手」がいれば，たとえ高齢化率100％であっても，当面，集落は維持できる可能性は高い。高齢化率50％以上という単なる数値に絡め取られるのではなく，実態を確認し，対応を考えていくことが重要である。確かにそうした対応は長くとも10数年をしのぐだけにすぎず，根本的な解決にはならないとの指摘もあり得る。しかし，高齢化率の高さだけに注目が集まる一面的な過疎理解が広く流布するなかで，限界という表現を外部から押し付けられた過疎地域の人々の中には，もう何をやっても無駄なのだという諦観すら広がっている。過疎住民が社会的に排除されている現状は，過疎住民に原因があるというよりも，過疎地域の問題に特段関心を持っている訳でもない多くの人々の意識によってもたらされた問題であることを指摘しておくべきであろう。

2 高齢化の進行と世帯の小規模化の地域性

人口減少の続く過疎地域では，高齢化も急速に進行している。次に，日本社会における高齢化の進行と世帯の小規模化の地域的な差異について確認しておきたい。

日本社会の高齢化は諸外国と比較しても急速に進みつつあるが，2020年には29.2％に達すると推計されている［文献②］。しかし，高齢化は全国一律に進むのではなく，地域的な差異を示しながら進行している。都道府県別の将来推計高齢化率をみると，2020年時点でもっとも高齢化率が高くなると推計されているのは秋田県（36.5％）であり，島根県（34.9％），山口県（34.9％），高知県（34.6％）などが続いている。東北地方と中国，四国地方，いわば日本の東と西で高齢化率が高くなっている。一方，沖縄県（22.6％）や大都市圏である東京都（25.5％），愛知県（25.7％）などでは高齢化率は相対的に低くなっている（表12-1）。

表12-1 高齢化と人口減少の地域性（％）

順位	高齢化率(2020年)		順位	2005年を100とした人口の推移(2020年)	
	全国	29.2		全国	96.1
1	秋田県	36.5	1	沖縄県	104.9
2	島根県	34.9	2	東京都	104.2
2	山口県	34.9	3	神奈川県	102.3
4	高知県	34.6	4	滋賀県	101.5
5	和歌山県	33.9	5	愛知県	101.4
6	徳島県	33.3	6	千葉県	99.2
7	岩手県	33.2	7	埼玉県	98.1
7	愛媛県	33.2	8	福岡県	96.7
9	宮崎県	32.9	9	栃木県	95.9
9	大分県	32.9	10	兵庫県	95.8
43	神奈川県	26.2	43	山口県	88.5
44	滋賀県	26.1	44	島根県	88.4
45	愛知県	25.7	45	青森県	88.1
46	東京都	25.5	46	和歌山県	86.7
47	沖縄県	22.6	47	秋田県	85.1

（文献②より作成）

第Ⅲ部　歴史的・現代的視点

　高齢化率と同様に，人口減少率にも地域差は大きい。2005年を100として2020年の人口増減をみると，秋田県（85.1），和歌山県（86.7），青森県（88.1），島根県（88.4），山口県（88.5）となり，高齢化率で上位に位置する諸県は，今後10年で1割以上の人口減少が予測されている。高齢化が進む地域は，人口減少の圧力にもさらされていることがわかる。

　人口減少は，社会減と自然減という表裏一体の側面からもたらされる。人口減少が進む地域（地方）は，例えば都市で働いてきたサラリーマンが定年退職等を契機に地方に移動するといったような人口還流もあって，社会減少率は近年やや落ち着きつつあるが，若年層の大都市地域への移動は続いている。地方では自然減状態にも陥っているが，これは，若年層の流出によって子育て世代が地方から減少することに起因する少子化によるものともいえ，人口流出による社会減の影響を強く受けてきたことがわかる。

3　世帯の小規模化の進行

　高齢化の進行とともに，世帯も小規模化しつつある。世帯数の将来推計によれば，2025年時点では全国で高齢者の単独世帯が36.9％，夫婦のみ世帯が33.1％になると推計されている［文献③］。このことは，高齢者世帯（65歳以上の世帯主世帯）のおよそ7割が2人以下の世帯で生活する事態の到来を示しているが，世帯の小規模化にも地域性が認められる。表12-2は，高齢者単独世帯が世帯数に占める割合を都道府県別に比較したものであるが，2005年時点でもっとも高齢者単独世帯の割合が高かったのは鹿児島県（13.4％）であり，九州の各県が上位を占めている。さらに，九州各県の高齢者単独世帯と夫婦のみ世帯の今後の増加率（2005年から2030年の期間）をみると，単独世帯の増加率は，沖縄県（125.6），佐賀県（76.0），福岡県（70.1）などで高く，鹿児島県（26.9），大分県（46.9），長崎県（48.5）などは相対的に低くなっている（表12-3）。現時点で単独世帯割合が相対的に低い県が，中期的に

表12-2　高齢者単独世帯の地域性（％）

順位	2005年		順位	2030年	
	全国	7.9		全国	14.7
1	鹿児島県	13.4	1	鹿児島県	19.5
2	高知県	12.7	2	高知県	19.0
3	和歌山県	11.2	2	和歌山県	19.0
3	山口県	11.2	4	宮崎県	18.1
5	宮崎県	10.6	5	山口県	18.0
6	愛媛県	10.5	6	愛媛県	17.3
7	長崎県	10.3	6	長崎県	17.3
8	大分県	10.2	8	大阪府	17.2
9	大阪府	9.5	9	北海道	17.0
10	島根県	9.4	10	兵庫県	16.7
11	熊本県	9.2	11	大分県	16.5

（文献③より作成）

表12-3　九州各県の高齢者単独世帯と夫婦のみ世帯（％）

	単独世帯			単独世帯と夫婦のみ世帯の合計		
	増加率	一般世帯総数に占める割合		増加率	一般世帯総数に占める割合	
	2005→2030年	2005年	2030年	2005→2030年	2005年	2030年
福岡県	70.1	8.7	15.2	44.8	17.9	26.5
佐賀県	76.0	7.9	14.2	47.1	17.3	26.0
長崎県	48.5	10.3	17.3	26.3	21.7	30.9
熊本県	62.2	9.2	15.8	35.5	20.0	28.6
大分県	46.9	10.2	16.5	21.9	22.4	30.1
宮崎県	53.6	10.6	18.1	26.7	23.2	32.7
鹿児島県	26.9	13.4	19.5	10.2	26.9	34.1
沖縄県	125.6	7.1	13.3	101.2	13.4	22.4

（文献③より作成）

みると増加率が高くなっていることがわかる．しかし，いずれにせよ九州各県では，今後さらに高齢者単独世帯が増加すると予測されている．

また，過疎地域では，単独や夫婦のみといった型に収まらない世帯も増えつつある．ある過疎地域（大分県日田市中津江村地区）の世帯構成を65歳以上（高齢層）と64歳以下に分けてみると（図12-2），「夫婦

第Ⅲ部　歴史的・現代的視点

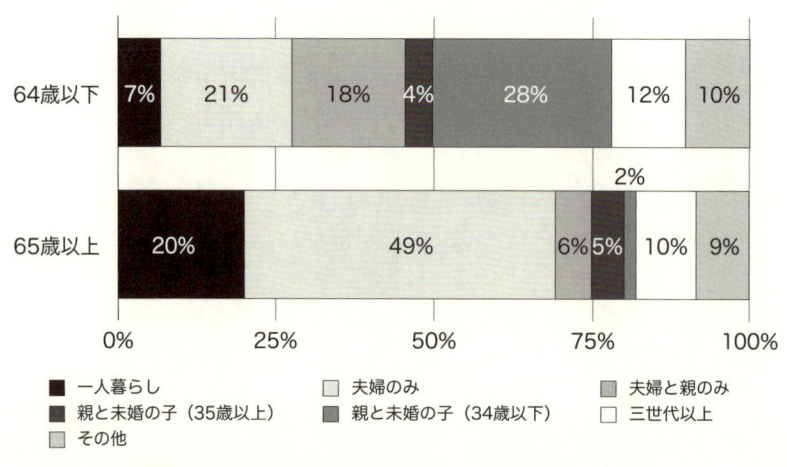

	一人暮らし	夫婦のみ	夫婦と親のみ	親と未婚の子（35歳以上）	親と未婚の子（34歳以下）	三世代以上	その他
64歳以下	7%	21%	18%	4%	28%	12%	10%
65歳以上	20%	49%	6%	5%	2%	10%	9%

■ 一人暮らし　　□ 夫婦のみ　　■ 夫婦と親のみ
■ 親と未婚の子（35歳以上）　　■ 親と未婚の子（34歳以下）　　□ 三世代以上
□ その他

図 12-2　中津江村地区における年齢階層別世帯類型

（平成17～19年度科学研究費補助金基盤研究(C)「農村高齢者の社会参加によるアクティブ・エイジングの実現に関する評価研究」（研究代表者：高野和良）による大分県日田市中津江村での調査結果（2007年実施）より作成）

と親のみ」、「親と未婚の子（35歳以上）」といった世帯が合わせて約1割存在している。これらは、在宅の95歳の母親を介護している75歳と70歳の夫婦や、70代の両親と50代の独身の息子の3人暮らしといった世帯であり、過疎地域における男性の結婚難なども反映した不安定な高齢世帯も増加しつつある。

4　世帯の小規模化と高齢者の社会参加活動

　世帯の小規模化は家族機能のみならず地域社会の弱体化にもつながり、高齢者の社会関係の衰弱をもたらす恐れがある。高齢期は、全般的に社会的役割を喪失していく過程であるとも考えられ、高齢者の社会参加活動の機会を社会的に提供することが求められてきた。サクセスフル・エイジング論における初期の離脱理論／活動理論から、プロダクティブ・エイジング論、1990年代以降の高齢期の「活動」と「健康」に基づいた「健康的な老い」を重視するアクティブ・エイジング論への

展開は，就労に限定されがちであった社会参加活動を，就労も含む多様な活動を含むものとして捉え直していく過程でもあった。また，いうまでもなく，単に社会参加活動へ参加すべきと高齢者に説くのではなく，社会的な役割が高齢者に構造的に提供される社会システムを構築することが求められており，成熟する高齢社会のモデルは幅広い世代の問題として捉える必要がある。

　高齢期の生活において，社会との関係性は地域集団，組織への参加を通じても維持されるため，小規模化する世帯を補完する中間集団としての地域集団や組織への高齢者の参加が求められてきた［文献⑩］。実際に，高齢層に限定することなく，中高年層からの社会参加活動への参加を促し，日本型のアクティブ・エイジングを目指す「生涯現役社会づくり」といった活動も行われている。

5　地域社会と地域集団，組織

　私たちが暮らしている場所は，地域社会，コミュニティ，地区，班，組，集落など実に様々に呼ばれている。これらの関係を農村の例をもとに簡単に整理しておこう。

　まず最も基礎的な単位として集落が存在する。集落は，江戸時代以前からもともと20～30戸程度の家が集まり，生計維持のための田畑や山があり，神社や寺があって，協働労働としての道普請や用水管理や祭りが行われる場となっていた。すなわち，生産と生活と信仰が一体となった場所が集落である。現代社会では，生活の場と生産の場は分離しているため，どうしても集落は空洞化していく。例えば，地域の祭りが難しくなってきたのも，仕事の場が集落から離れることによって，共有する生活時間が減少し，集落の統合を保つことが難しくなったからであろう。

　そして，こうした集落がいくつか集まって組織化された状態が村落である。鈴木榮太郎［文献⑨］は集落から村落への広がりを，3つの範域が同心円的に広がっている姿として捉えた。もっとも中心に存在してい

るのが，集落の班，組，小字といった「第一社会地区」である。これらの集落が集まって組織化された範囲が村落や大字といった「第二社会地区」となり，その外側に，市町村という明治期以降に作られた行政村の範囲としての「第三社会地区」が存在している。

このうち，第二社会地区には，老人会，婦人会，青年団，消防団などといった様々な地域集団，組織が集積しており，自立的であり結束が固い地域単位と捉えている。そして，ここに人々の生活を貫く「自然村の精神」の存在を認めた。それは，生活のあらゆる方面にわたる体系的な行動原理という意味であり，それによって村落の統合が図られていくものである。精神という表現は，ある意味で誤解を招きやすいが［文献⑭］，集団，組織の活動が人々を統合する基礎になる原則を維持し，補強しているという指摘は重要である。

6 過疎高齢者の地域集団，組織への参加状況

現在の過疎高齢者の多くは，青年団，婦人会，消防団といった地域集団，組織への参加経験をもち，こうした集団や組織への参加をごく当然のことと考えており，参加を前提とした生活構造をもっている。簡単にいえば「集まることに慣れている」のであり，世帯が小規模化し家族内での様々な生活ニーズ充足が困難になるなかでも，支え合いながら生活を継続し得るひとつの条件となってきた。しかし，人口減少と高齢化が進行する過疎地域では，地域集団，組織への参加者が減少し，活動の維持が難しくなりつつある。高齢化と世帯の小規模化が全国的にみても進行している九州地区の過疎地域（大分県日田市中津江村地区，2005年時点人口1,321人）で1996年と2007年の2時点で実施された調査結果[2]によると，この約10年間の高齢層の集団，組織参加におけるもっとも大きな変化は，いずれの活動にも参加していないとする高齢者の割合が1996年の11.6%から2007年の21.7%へと増加していることである（図12-3）。およそ2割の高齢者がこれらの集団，組織に参加していないということは，集団や組織への参加によって形成される社会関係を

失いつつある高齢者が増加傾向にあることを示している。

　さらに，活動領域別にみた集団，組織の参加率の変化をみると，老人クラブ，地域婦人会，頼母子講などの講といった伝統的な地域集団の参加率の減少が大きくなっている。こうした参加率の減少は，高齢者自身の加齢にともなって，例えば要介護状態となり活動に参加できなくなったという人口学的要因からある程度説明できる。おそらく，老人クラブ，頼母子講などへの参加率の減少はその例であろう。

　加えて，旧中津江村は，2005年3月22日に周辺町村（大山町，天瀬町，前津江村，上津江村）とともに日田市に編入合併されたが，合併を

---

2) 本章で事例として取り上げた大分県日田市中津江村地区では，1990年代半ばから継続して社会調査を行っている。1996年と2007年には，約10年間の生活構造や意識の変化を確認するために量的調査（2007年調査，1996年調査と略称）を実施した。調査の概要は次の通りである。

	2007年調査	1996年調査
調査の名称	中津江村地区 住みよい地域づくりアンケート	中津江村 住みよい地域づくりアンケート
実査時期	2007年10月30日〜11月下旬	1996年8月17日〜10月中旬
調査方法	郵送法	留め置き法（集落世話人を通じて旧中津江村役場の協力を得て回収）
調査対象	日田市中津江村地区20歳以上居住者	日田郡旧中津江村55集落のうち27集落18歳以上居住者
調査対象者数	609人（2007年10月選挙人名簿登載者1,014人）	681人（1996年6月住民基本台帳登載18歳以上人口）
抽出方法	系統抽出	悉皆
回収数(回収率)	410票（67.3％）	509票（74.7％）

（同一世帯から複数名の回答が行われている場合がある）

　2007年調査は平成17〜19年度科学研究費補助金基盤研究(C)研究課題「農村高齢者の社会参加によるアクティブ・エイジングの実現に関する評価研究」（研究代表者：高野和良）によって実施された。また，その後の聞き取り調査などは，平成21〜23年度科学研究費補助金基盤研究(C)研究課題「過疎高齢者の社会参加活動によるソーシャルサポートシステム構築に関する研究」（研究代表者：高野和良）によっており，調査結果は文献⑩・⑪などで報告している。

　社会調査実施にあたっては，旧中津江村役場，日田市中津江振興局の御協力をいただいた。

第Ⅲ部　歴史的・現代的視点

```
自治会・町内会       41.3% / 57.6%
老人クラブ          40.6% / 29.0%
JAなどの協同組合     27.5% / 27.6%
スポーツ・趣味の団体  13.0% / 21.7%
氏子・檀家など       20.3% / 18.9%
社協など            14.5% / 11.1%
頼母子講などの講     13.8% / 6.9%
地域婦人会          7.2% / 2.3%
消防団             0.0% / 0.5%
参加していない       11.6% / 21.7%
```

■ 1996年（65歳以上）
■ 2007年（65歳以上）

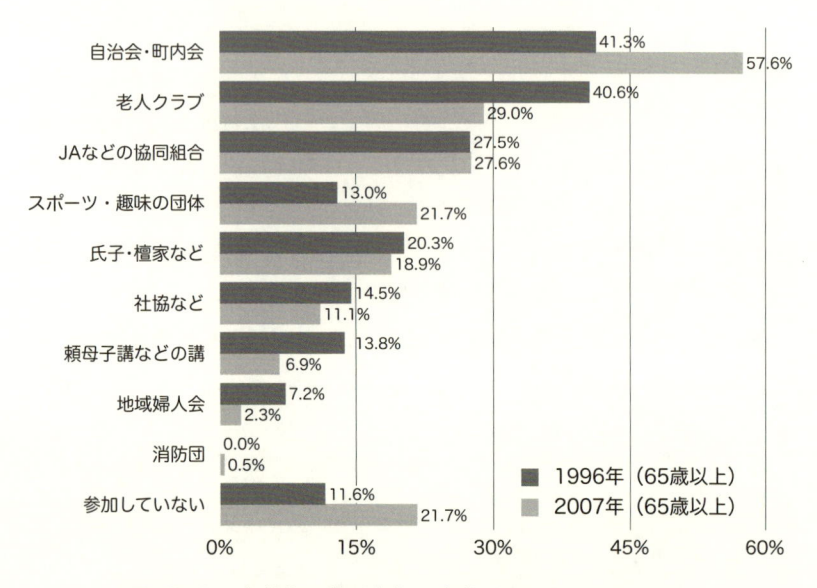

図 12-3　高齢者の集団参加の変化（1996年：2007年）
　　　　（2007年中津江調査，1996年中津江調査より作成）

契機として集団，組織自体の改廃が起こったことも，参加率の減少に影響を及ぼしている。一例を挙げると，中津江村婦人会（1953年結成）は，合併先の日田市に婦人会が存在していなかったこともあって2005年に解散となった。

　合併は一つのきっかけであって，人口減少などによって活動継続が難しくなるなかで，いずれ活動休止になったとも考えられるが，婦人会が無くなることはどのような意味をもつのであろうか。ひとつには，婦人会が担ってきた機能，例えば学校や地域行事，祭りなどの祭祀への協力が難しくなり，組織目的が実施できなくなるということが挙げられるが，過疎高齢者によれば，それよりも集落の外の様子が分からなくなったことが残念であるという。すなわち，村落や旧中津江村全体の現状共有の機会の衰弱である。これまで婦人会は旧中津江村内に4支部が設置され，各集落から最低1名の参加による94名で活動が行われてきたが，

こうした単独あるいは複数の集落を単位とした活動と，旧中津江村を範域とする連合会的な活動が併存していた。そして，各集落の代表者が連合会としての活動や協議に参加することによって，他の集落や旧中津江村全体の情報を入手し，集落に伝達することによって，集落内での共有と，緩やかな集落間のネットワークが形成されていたのであるが，婦人会の廃止によって，集落外部とのネットワークの径路の縮小がもたらされ，集落の地理的，空間的な孤立に加えて，社会的孤立を促進する可能性がでてきた［文献⑩］。

おわりに

地域集団，組織が集積していた第二社会地区は，「平成の大合併」と呼ばれる市町村合併という大きな変化に見舞われている。この市町村合併は，集落（第一社会地区）を急激な解体に導いた訳ではなく（かといって，多くの場合，生活環境などが改善された訳でもなかった），合併後の市町村（第三社会地区）も，一見当面の課題を先送りし，存続することができたようであったが，かつての村落や旧町村の範囲（第二社会地区）は，地域のまとまりを急速に失い，弱体化しつつある。この範域は，行政単位としての市町村と集落とをつなぐ枠組みであり，組織，集団が集積してきた単位である。この単位の弱体化が集落の人々，とりわけ高齢者の生活に，今後どのような影響を及ぼすのか，慎重に確認していく必要があるだろう。

引用文献・参考文献
①安達生恒『過疎地再生の道』（安達生恒著作集④）日本経済評論社，1981年
②国立社会保障・人口問題研究所『日本の都道府県別将来推計人口（平成19年5月推計）』2007年
③国立社会保障・人口問題研究所『日本の世帯数の将来推計（都道府県別推計）（平成21年12月推計）』2009年
④中津江村誌編集委員会『中津江村誌』中津江村教育委員会，1989年
⑤小田切徳美『農山村再生——「限界集落」問題を超えて』岩波書店，2009年
⑥大野晃「限界集落論からみた集落の変動と山村の再生」，日本村落研究学会編

『むらの社会を研究する　フィールドからの発想』農山漁村文化協会，2007 年
⑦総務省自治行政局過疎対策室『平成 22 年度版「過疎対策の現況」について（概要版）』(http://www.soumu.go.jp/main_content/000132704.pdf, 2011.10.20), 2011 年
⑧総務省「市町村合併資料集」(http://www.soumu.go.jp/gapei/gapei.html), 2011 年
⑨鈴木榮太郎『日本農村社会学原理』（鈴木榮太郎著作集Ⅰ・Ⅱ）未來社，1968 年
⑩高野和良「地域の高齢化と福祉」，堤マサエ・徳野貞雄・山本努編著『地方からの社会学——農と古里の再生をもとめて』学文社，2008 年
⑪高野和良「過疎農山村における市町村合併の課題——地域集団への影響をもとに」，日本社会分析学会『社会分析』36 号，2009 年
⑫徳野貞雄「生活農業論——現代日本のヒトと『食と農』」学文社，2011 年
⑬徳野貞雄『農村の幸せ，都会の幸せ——家族・食・暮らし』日本放送出版協会，2007 年
⑭鳥越皓之『家と村の社会学』世界思想社，1985 年
⑮山本努『現代過疎問題の研究』恒星社厚生閣，1996 年
⑯山本努・徳野貞雄・加来和典・高野和良『現代農山村の社会分析』学文社，1998 年

13 少子・高齢化時代の社会学

安 立 清 史
(社会学)

はじめに──現代社会の基本構図──

　現代社会は，これまでの社会とは異なる2つの大きな波動が衝突する社会空間としてイメージできる。その結果，社会と個人との間に，様々な問題や軋轢が生じる。それこそが21世紀現代社会の基本問題である（図13-1）。

　現代社会が，これまでの社会と大きく異なる点の第1は「少子・高齢化」という人口構造の大転換である。家族社会学では，近代化・産業化が進むと，核家族化・小家族化が起こり，少子・高齢社会へと人口構造の転換が起こることが定説となっている。この結果，個人を包摂し守っていた家族や地域共同体の機能が衰退する。自由な競争というスローガンのもとで脆弱な個人が自己責任をとらされる「ネオ・リベラリズム」型の社会（ニート・フリーターなど現代の若者の貧困や格差社会論などがこの問題を扱っている）の中で生きていくことになる。第2は，日本だけでなく世界がグローバル社会の経済システムに組み込まれた結果，世界経済の大変動に否応なく巻き込まれることである。すでに生産拠点の海外流出や非正規雇用の増大など様々な問題が生じている。国の財政も危機に陥っている。その結果，公務員削減などのかたちで政府による社会問題への対処能力が弱まっている。とくに問題なのは，少子・高齢社会によってニーズが増大する医療や福祉などの公共サービスが縮小していくことである。

　このように，家族や地域も，国家や行政も，弱体化した個人を守ってくれない社会になりつつある。こうした現代世界に共通する課題にどう

第Ⅲ部　歴史的・現代的視点

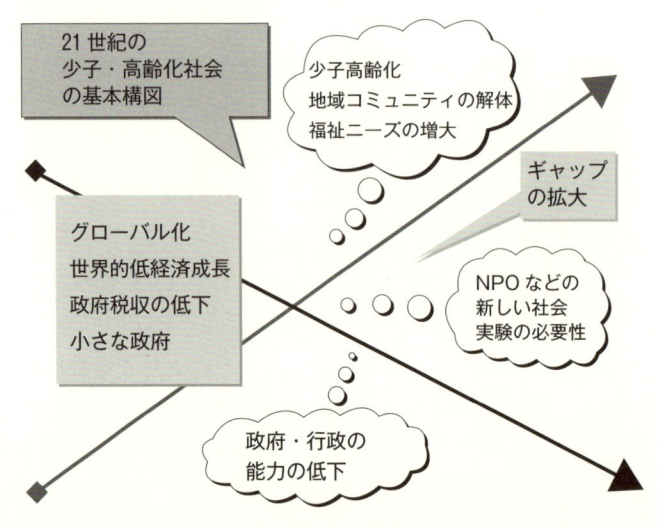

[図13-1: 21世紀の少子・高齢化社会の基本構図]
- 21世紀の少子・高齢化社会の基本構図
- 少子高齢化　地域コミュニティの解体　福祉ニーズの増大
- ギャップの拡大
- グローバル化　世界的低経済成長　政府税収の低下　小さな政府
- NPOなどの新しい社会実験の必要性
- 政府・行政の能力の低下

図13-1　21世紀の少子・高齢化社会の基本構図

対応していけるのか，社会学の視点から考えてみよう。

1　問題の所在──2つの矛盾するベクトルの狭間で──

　現代社会の問題を引き起こす第1の波は，人口構成や家族構造の大転換（少子・高齢化・核家族化・小家族化等）である。かつて世界の人口問題とは，発展途上国の「人口爆発」であった。農業生産は算術級数的にしか増加しないが，人口は幾何級数的に増大するから，いずれ地球規模での食料不足が発生すると予測された。この構造はエネルギー問題でも同じであり，現在でも根本的に解決されたわけではない［文献①］。ところが先進国では人口が縮小期に入った。日本でも合計特殊出生率（ひとりの平均的な女性が生涯に出産すると想定される子ども数）の低下が続いている（2011年現在，合計特殊出生率は1.27）。これは家族構造（家族の役割や機能）の転換が大きな理由である。長らく高齢化によって人口減少の実態は見えにくくなっていたが，日本の総人口は2005年から減少に転じた。1960年代からの高度経済成長は経済構造の

みならず日本の家族構造や地域社会の構造も根本的に変容させた。直系家族が分解し，核家族化・小家族化が進んだ[1]。それは家族機能の縮小をもたらす。日本の雇用構造をみると，1950年代半ばまでは，農家や自営業者などの自営業者的な世帯が，総労働人口の過半数を占めていた[文献②]。ところが高度経済成長とともに急速にサラリーマン（給与所得者）化が進み，2010年現在，総労働人口の8割となっている。自営業者にとっては，家族や地域社会こそが生活・労働・経済の中心である。ところがサラリーマンにとってはそうではなく，地域社会とつきあう必然性も薄く，その結果，日本の地域共同体は衰退してきた。人びとは家族や地域共同体に頼れなくなり，やがて孤立化する。政府・行政の福祉やセーフティ・ネットに依存せざるをえなくなる。先進諸国で「福祉国家」化が必要となるのはそのためである。

　第2の波動は，世界全体のグローバル化による政府行政の能力の縮小である。アメリカやギリシアで起こった経済危機が，世界全体を呑み込む経済危機に発展した。インターネットによる情報のグローバル化はエジプトや中東などで劇的な政治革命をもたらした。しかしグローバル化する世界の中で逆に小さくなっていくものがある。それは「政府」の役割である。世界がグローバル化すると先進国では製造業などが海外に流出し，その結果，政府税収が減少するので政府の行政サービス提供能力が縮小すると考えられている。1980年代にアメリカのレーガンとイギリスのサッチャーの政府が進めた路線だが，先進諸国は市場への規制緩和を進め「小さな政府」への志向を強めてきた。1990年代のソ連や東欧の共産主義体制の崩壊の後，「大きな政府」から「小さな政府」への転換はさらに加速しており，日本も例外ではない。保健・医療・福祉・文化・教育など，政府が提供する公共サービスのうち，対人援助サービスは明らかに縮小しはじめている。

---

1) 直系家族や核家族，小家族化，合計特殊出生率，家族機能等という概念については文献③を参照。

グローバル化する「世界経済」と国内で進む「小さな政府」への流れは，家族や地域共同体の衰退や，少子・高齢化によって増大する医療・福祉などヒューマンニーズの増大との間で矛盾を生み出す。われわれは，変動する世界の前で，家族や地域，さらにまた政府・行政による公共サービスという支えを失って弱くて脆い存在となりつつあるのだ。これが現代社会の基本的な趨勢であり，問題構造である。われわれを支える公共サービスやセーフティ・ネットを，政府や行政が供給してくれなくなった時，いったいどうしたらよいのか。

2　問題解決の主体──政府と市場──

こうした問題状況にたいして，どのような解決策がありうるのか。社会問題解決にあたる社会的な主体（アクター）として，政府・行政（第1セクター）と，市場・企業（第2セクター）がある。次に，これらのアクターが，現代社会の問題にどう対処できるか検討してみよう。

政府の失敗理論

先進国の政府は縮小化する政府役割と少子・高齢化で増大するニーズとの間の矛盾にたいして，どう対応してきただろうか。ヨーロッパでは，20世紀の後半から福祉国家への道（大きな政府）を選択して問題解決にあたってきた。イギリスにはじまり，北欧にいたる福祉国家政策である。ところが財政的に行き詰まりが生じる（福祉国家の危機）。イギリスはいちはやく福祉国家政策を見直し，民間非営利組織によって政府役割の代替をさせる「混合福祉（ウェルフェア・ミックス）」を選択した。福祉社会学では，福祉国家から福祉社会へ，という文脈で論じられる歴史的転換は，たんに財政問題だけを理由とするものではない。つぎに「政府の失敗」といわれる理論的な背景をみよう。

「政府の失敗」理論では，政府・行政には，得意分野と不得意分野があるとする。政府は，平均的な住民・市民のニーズに対して，公平・平等の原則のもと，画一的なサービスを広く提供することが得意である。

他方，エスニシティ・文化・言語・宗教のみならず，年齢・ライフスタイル・価値観などによって異なる人びとの多様な要求に答えることは不得意分野である。保健・医療・福祉など，人びとの要求の多様性に対応しなくてはならない対人援助サービスの提供も，政府や行政の不得意とするところである。政府が提供する公共サービスは，ごく平均的な市民のごく平均的なニーズに限られるからである。したがって人びとの要求や必要が個別化・多様化し，しかも専門性が要求される領域では政府の対応に限界がある。これが「政府の失敗」といわれる理論のポイントである［文献④参照］。

市場の失敗理論

つぎに少子・高齢化時代の人びとの多様な要求に，市場や企業が対応できるかどうかを検討する。市場や企業が効果的に機能できるのは，対価が消費者によって市場で適切に支払われる場合である。ところが，保健・医療・福祉などでは「情報格差」が生じる。サービス提供者（専門家や企業など）と，ケアや治療など緊急の必要をもつ利用者との間には，大きな情報格差や力関係上の強弱が生じる。利用者は，提供されるサービスの内容や質および価格を適切に評価できない。緊急手術のケース等を考えれば，様々な事業者のサービスや価格を比較して購入するという市場の前提が成り立たないことは明らかである。またサービスの継続的なモニタリングや事後評価も困難なので，価格メカニズムが企業側に有利に働き，利用者が不当な不利益を受ける可能性は高い。サービスの内容や質や価格を適切に評価できなければ市場原理は働かない。よって市場メカニズムを介しては，保健・医療・福祉・文化・教育サービスなどは適切に供給されない。「市場の失敗理論」と呼ばれるのはこのためである。

3 第3の道——非営利組織・非営利セクター——

第3の道

政府も市場も現代社会の基本問題に対応しきれないとしたら、ほかにどんな解決主体があるだろうか。じつは先進諸国が過去20年以上にわたって模索してきたのは、政府でも市場でもない「第3の道」なのである[2]。この第3の道を担う組織は、ヨーロッパでは市民セクターによる社会経済や協同組織と呼ばれ、アメリカでは非営利セクターや民間非営利組織（Non Profit Organization、略称NPO）である。

＊

1990年代にソ連や東欧の「社会主義国家」が解体したあと、「市場や企業」では代替できない広大な領域が残された。そこで国家でも市場でもない「社会」の役割や機能の重要性と必要性が高まった。税でも利益でもなく、「共同性」や「社会連帯」の論理で動く社会組織が必要となったのである。社会学ではこうした「社会」を構成する共同体を、「ゲマインシャフトとゲゼルシャフト」、「コミュニティとアソシエーション」、「第1次集団と第2次集団」、「機械的連帯と有機的連帯」、「中間集団」、「フォーマルグループとインフォーマルグループ」、等として主題化してきた。このテーマの現代的な変奏であるともいえる。じつは政府と市場だけで成り立っている社会は存在しない（政府や市場のない社会もほとんど存在しないが）。政府と市場の外側には、様々な組織や集団が分厚く存在しているのである。家族や親族、地域共同体、コミュニティやアソシエーション、学校、寺院や教会、クラブやサークルなどがそれだ。営利でも政治でもない共同性や連帯による様々な中間集団は重要な役割を果たしてきた。ところが社会の近代化や産業化に伴い、国

---

[2] 文献⑤などを参照。これは日本に昔から言われていた「第3セクター」とは全く異なる概念である。日本語の「第3セクター」とは、行政が出資して民間組織の外観をかぶった「疑似政府組織」のことだからである。

家はこうした中間集団の役割を奪い取ってきたのである。ファシズムの時代は極端な例だが，国家と市場が肥大したのが20世紀だったのである。

「第3の道」は，共同性や社会連帯などで社会を形成しなおそうとする動きである。アソシエーションやNPOはアメリカ的な概念だが，ヨーロッパでは「社会経済」や「協同組織」「ソーシャルビジネス」「社会企業」など様々な呼び名がある。このような組織への注目が世界的に広がっている［文献④・⑥・⑦・⑧］。

阪神・淡路大震災（1995）や東日本大震災（2011）などの巨大災害では，政府自治体も企業もマヒしてしまう。そのときいち早く活動したのがボランティアであった。大震災でなぜボランティアが活躍できたか。まさに「政府の失敗理論」が震災時に当てはまったのである。一刻を争う救命や援助では政府の「公平・平等」原則だけでは活動に限界がある。政府や自治体の役割はもちろん重要だが，それだけでは不十分だ。そこでボランティア原則（出来る人が出来ることを，自発的に）から生まれた活動が，大きな機能を発揮した。大震災の経験から政府や市場の重要性が否定されたということではない。それらだけでは不十分だということが明らかになったのである。日本でもボランティアがより活動できるようにするためにはどうしたらよいのか，大震災をきっかけに議論が始まった。その時に，ヨーロッパやアメリカの非営利組織・非営利セクター等の経験やモデルが注目されたのである。

NPOの定義

アメリカの非営利組織・非営利セクター研究の第一人者レスター・M.サラモンによると，NPOの定義は次のようなものである［文献⑨・⑩・⑪・⑫・⑬］。第1，組織化されていること。ボランティアのような個人ではなく，制度化された組織実態があること。第2，政府と区別された民間組織であること。これは政府からの支援や援助を受けないことではない。しかしもっぱら税金をもとにした活動では政府と変わりないこと

になる。第3，自己統治していること，すなわち政府の支配や傘下にある疑似政府組織でないこと。政府や営利会社に強く支配されている組織もあるため，それらと区別するために，当該組織が自己統治能力や自律性をそなえていることが必要である。第4，非分配原則をとること。非営利組織は収益事業を行うこともできる。ただしその収益を関係者で分配することは禁じられており，収益を本来の使命や目的のために再投資することが非営利組織の特徴である。第5，利用者やボランティアの参加，ボランタリーな要素があること。理事会がボランティアによって構成されており，日常の活動にボランティアが参加していたり，スタッフにボランティアがいたりすること。またボランティアの関わりが「強制的，拘束的でないこと」など，これらがボランタリーであるということを意味する。第6，政治団体や宗教団体でないこと。こうした特徴は「運動体と事業体との複合型のハイブリッド組織」ということができる。NPOという組織の本質は，個人の自発的行為（ボランタリー・アクション）であるだけでなく，公共サービスを政府以外の組織や人間が担い，社会サービスの多様性をましながら，持続的に提供していく社会実験組織である。

NPOの機能

サラモンはNPOの果たす社会的機能を次の4つに整理している［文献④・⑨・⑩］。

1. サービスの提供（Service provision）
2. 少数者の価値を守る（Value Guardian）
3. 問題の発見と政策提言（Advocacy/Problem Identification）
4. 社会関係資本（ソーシャル・キャピタル）やコミュニティ形成（Social Capital/Community-building）

自発的に発生するボランティアなどが，持続的に社会で機能するためには組織化が必要となる。ボランティアと政府行政や企業など，社会を

構成する様々な組織との間をつないでいくためには，何らかの組織された中間集団が必要となる。NPOには政府役割の代替，補完，補充など様々な可能性があるが，なかでもボランティアや諸機関との連携や調整の役割が注目される。

4　日本の社会実験——介護保険とNPO——

日本のNPO法（特定非営利活動促進法）

日本でも阪神・淡路大震災の経験をふまえ，1998年に特定非営利活動促進法（通称・NPO法）が成立した。これは明治以来，民法34条の規定で，国や行政の許認可を受けないと公益法人（財団法人と社団法人）になれなかった制度的な壁を大きく突破するものであった。まだアメリカのNPO法のような届け出制による簡易な法人格取得ではなく，また税制優遇も限定的にしか行われていない（「認定NPO法人」制度が発足し，限定的ながら税制優遇措置も行われているが，税制面に関しては多くの課題が残されている）。しかし日本のNPO法人制度は，ボランティア団体などが法人格を取得する道を開いたことで，政府・行政や企業との協働の可能性を開いた。しかし日本にはNPO法人が市民事業として公共サービスを担うことのできる領域はまだ限られている。そこで次に述べる介護保険制度がNPO側から注目されたのである。

公的介護保険

介護保険は，高齢社会で増大する介護の必要に対応するため2000年4月から施行された日本の社会保険制度である。財源は，被保険者の納付する保険料だけでなく，国・都道府県・市町村による負担がある。高齢化や核家族化の進展等により，要介護者を社会全体で支える新たな仕組みとして導入された。

この介護保険制度は「介護の社会化」という新しい理念を掲げている。要介護高齢者を家族だけでなく社会が支える社会連帯の仕組みとしての社会保険制度である。従来の社会福祉制度（措置制度）のもとで

は，社会福祉法人や社会福祉協議会だけが社会福祉事業者であった。介護保険制度では，営利法人や生協，農協，NPO法人なども参入してサービス事業者となることができるようになった。

介護保険とNPOの変容

　介護保険施行とともに，介護保険事業を行うNPO（介護系NPO）が急増した［文献④・⑥・⑦・⑧・⑭］。介護保険制度は，日本にNPOを根づかせ，育てる孵卵器となることが期待された。しかし予想を上回る介護保険サービス利用の急増は，保険財政を逼迫させた。その急増ぶりに驚いた政府は，介護保険の利用を制限しはじめ，その後，介護保険制度は政府の管理と規制のもとで運営されるようになった。ところで，介護保険制度にNPOが参入したのは，社会福祉や介護福祉への市民参加という新しい社会実験の夢に誘われた側面とともに，現在の日本社会では，NPOが安定的に事業展開できる領域がきわめて少ないからでもあった。介護保険制度はNPOが日本社会に根づくかどうかの試金石でもあったのだ。しかし介護保険制度の実際の制度運営は，法人種別が異なっても介護保険制度のもとで提供されるサービスに違いがあってはならないとされ，法人種別による違いが，制度の内側に現れないようにきびしく規制されている。NPOらしさ，市民参加や住民参加を活かした介護保険サービスという夢のまえに現実が大きくたちはだかった。しかもNPOが参入できるのは，訪問介護など，介護保険サービスの一部の事業だけで，介護老人福祉施設の運営など，介護保険の本体にはまだ参入できない。このような結果，われわれの調査によれば，この10年で介護保険事業を行うNPO（介護系NPO）の多くが制度に翻弄され，疲弊し，無力感にとらわれるようになってきている。期待が裏切られ，無意味感，無力感，無規範感が広がることを社会学では「アノミー」と呼び，社会解体にもつながりかねない病理現象と考えてきた。NPOの間に「アノミー」が広がっているとしたら，残念な現状である［文献④・⑥・⑦・⑧］。このような現実の前に，様々な社会実験が妥協や敗退を

よぎなくされていく状況をなんとかできないものだろうか。なぜこのような現状になってしまうかを考えるうえで有効な概念のひとつに「ガラパゴス化」がある。

5 日本の課題——ガラパゴス化の出現と問題——

ガラパゴス化現象

　日本の製造業が直面する問題を的確に表現するものとして近年注目されているキーワードが「ガラパゴス化」である。ガラパゴス諸島は，絶海の孤島であって周囲の外界や環境から影響されにくく長期間にわたって他世界から孤立した環境の中で生物種が独自の適応進化を示した。これを踏まえて「特定の環境に適応進化した結果，他の環境には適応できない特殊な生物種となってしまう現象」を「ガラパゴス化現象（Galapagos syndrome）」という。

　日本のNPO制度が世界のNPO制度と異なった展開をみせていることや，介護保険制度が3年ごとの法改正によって当初の理念とは異なった方向へと進んでいる問題を，このガラパゴス化という観点から考えてみることは有効である。

介護保険とNPOのガラパゴス化

　まずガラパゴス化という現象にはプラスとマイナスの側面があることを確認しておこう。プラス面は，特定環境や条件への適応である。しかもその環境の中で高度な技術的進化が発揮される。マイナス面は，変化・変動する社会への不適応である。特定の環境に特化してしまうと，グローバル化する世界の変化に対応できなくなる。日本のボランティアやNPO，そして介護保険制度などにも，そのようなプラスとマイナスの両方の特徴が現れているのではないか。

　日本のNPOが活動する分野で多いのは「保健・医療・福祉」である。そしてなかでも介護保険分野で活動するNPOがとくに多い。これは日本のNPOの発展に大きく寄与してきた。同時にNPOの活動を次

第に介護保険制度の枠内に限定させていくという「意図せざる結果」をも生み出した。介護保険は公的な制度のため，サービス内容や価格で自由競争できない。介護保険サービスの内側では，どんな事業者が行おうとも同じサービスが受けられるという建前だからである。介護系NPOにとっては「NPOらしさ」を介護保険では発揮できないことになる。そこで「介護保険外」の独自サービスとして創意工夫を行おうとしてきた。ところがこの部分は介護保険適用外となるため，利用者にとっては割高にみえたりして需要が縮小している。介護保険の枠内で活動するほかないが，それでは介護系NPOとしての独自性を発揮できないという「ダブルバインド」状況におかれている。NPOは制度改正にも翻弄され，その本来の自立的な民間非営利組織としての本質を脅かされるようになっているともいえる。日本の介護保険制度は，世界的にみても先進的な制度ではあるが，政府自治体による規制や監督がきびしく，自由度や創意工夫を活かす余地が少ない。法人や事業者ごとの競争原理も働いていない。このままでは次第に高コスト体質とサービスの固定化が進んでいくのではないだろうか。これでは「政府の失敗」理論を介護保険で再現することになってしまうのではないか［文献④・⑭等参照］。

　しかしながら，このような日本の環境や制度へのガラパゴス的な特化は，先進的な専門的介護やケアも生み出している。とりわけ認知症ケアなどでは世界的にもユニークかつ先進的な事例を生み出している。一例をあげれば，福岡の「宅老所よりあい」や富山の「このゆびとーまれ」，さらには小規模多機能地域密着型サービスの原型となった熊本の「きなっせ」などがあげられる［文献④・⑭］。しかしこうしたNPO等は，その多くが介護保険制度の外側で活動している。介護保険制度の内側では先進的な試みが抑圧されてしまうことをおそれてのことである。では介護保険制度の外側ではうまく機能していけるのだろうか。そこでも「市場の失敗」理論の示す落とし穴が待ち受けている。良心的で先進的な福祉NPOと，高価だがサービスの質の低い有料老人ホーム等とを，一般市民が見分けることは困難だからだ。

おわりに──ガラパゴス化を越えて──

　21世紀の基本問題にたいして，政府でも市場でもない第3の解決方法や解決主体が求められていること，それを担う社会的な主体としてボランティアやNPOが注目されていること，しかしながら日本ではボランティアやNPOがガラパゴス化する危険性があること，などを論じてきた。日本でも少子・高齢社会の問題にたいしては「政府の失敗・市場の失敗」が当てはまることは明らかである。そこで第3のNPOや非営利セクターの道が模索されてきた。ガラパゴス化とは，こうした社会実験を，もういちどもとに引き戻そうとする保守的な「日本化」の引力でもある。

　ガラパゴス化を越える可能性はどこにあるだろうか。ガラパゴス化を「避ける」ことは難しい。環境や風土，制度，国民の意識や価値観はそうかんたんには変わらない。どの国にも多かれ少なかれガラパゴス化現象はあるともいえる。ではこうした保守的な閉鎖性を突破していく可能性はどこにあるだろうか。ガラパゴス化の経験をくぐりぬけたうえで「突き抜けて」ゆくことではないだろうか。ガラパゴス化の問題点を自覚したうえで，新しい可能性を拡大していくことの先に，政府セクターや営利セクターと非営利セクターとの相補的（互いの欠点を補い合う）で，創造的（制度やセクターの枠を突破する実験や実証）な関係が生まれてくるのではないだろうか。

　しかしその途中に多くのガラパゴス化の落とし穴が待ち受けている。ヨーロッパやアメリカで成功したからといって政府とNPOとの協働がそのまま日本でも成功するとはかぎらない。協働のあり方じたいを日本的にガラパゴス化していく磁力（政府や行政の規制や介入，お上意識など）が働くかもしれない。企業の社会貢献も，宗教的倫理観や価値観の土台がない日本では，企業の広告宣伝活動の一環として一過性の流行に終わるかもしれない。NPOはふたたび小さなボランティアサークルのように仲間との共同関係に閉じていくかもしれない。社会全体に係わる

より，限定された地域や問題に内閉していく傾向も現れるかもしれない。異なるNPO同士の間の協力や協働は困難かもしれない。非営利セクターとして大きく団結したり連帯して社会の変革を志向する力を分裂させていくことを阻むガラパゴス的な力はいたるところからが現れてくるかもしれない。

　しかしこうした問題や壁は「避ける」ことはできないのではないだろうか。むしろその問題や壁という現実を直視し自覚したうえで「突破」していくことにしか可能性はないのではないか。では，どうしたら「突き抜けて」ゆけるのだろうか。そこには精神論ではなく，ボランティアの組織論，NPO組織のマネジメント論，多様な組織の間の組織間関係論，政府と非営利セクターとの間の政府間関係論，そして何より非営利セクターや非営利組織が何をどう担って，どのような社会を目指していくべきかに関する「社会構想論」など，多くの課題が考えられ，解かれていかなくてはならないだろう。それは社会学のみならず，政治学，行政学，公共経済学，社会保障論，社会福祉学など，多様な分野の最前線の研究の協力と協働とが必要となるだろう。20世紀から引き継いだ様々な問題が，ここに集約されている。この問題を突破してこそ，21世紀の少子・高齢社会の問題の解き方が見えてくるのではないだろうか。

引用文献
① 見田宗介『現代社会の理論』岩波書店，1996年
② 福武直『日本社会の構造　第二版』東京大学出版会，1987年
③ 森岡清美・望月嵩『新しい家族社会学（4訂版）』培風館，1997年
④ 安立清史『福祉NPOの社会学』東京大学出版会，2008年
⑤ ギデンズ『第三の道——効率と公正の新たな同盟』日本経済新聞社，1999年
⑥ 安立清史「介護NPOの達成と課題」，上野千鶴子他編『ケアその思想と実践6　ケアを実践するしかけ』岩波書店，2008年，99-115頁
⑦ 田中尚輝・安立清史『高齢者NPOが社会を変える』岩波書店，2000年
⑧ 田中尚輝・浅川澄一・安立清史『介護系NPOの最前線——全国トップ16の実像』ミネルヴァ書房，2003年
⑨ Salamon, L. M., *America's Nonprofit Sector* (New York: The Foundation Center,

14 マスメディアなきマスコミュニケーション

鈴木　譲
(社会学)

はじめに——マスメディアとマスコミュニケーション——

　コミュニケーションとは，言うまでもなく音声，文字，映像などによる情報伝達のことである。社会学においては，コミュニケーションをパーソナルコミュニケーションとマスコミュニケーションとに大別する。ここで，パーソナルコミュニケーションとは個人間，もしくは少人数の人たちの間での情報伝達であり，マスコミュニケーションとは広範囲・不特定多数の人々に対する情報伝達である［文献①］。
　マスコミュニケーションの場合には，広範囲の人々を対象にする以上，情報の送り手と受け手とは離れた場所にいるのが普通であるが，パーソナルコミュニケーションの場合には対面の会話の場合もあれば，電話を利用した遠距離の会話の場合もある。また，コミュニケーションに用いられる物理的媒体の特性は，この2種類のコミュニケーションの区別と直接の関係はない。たとえば，紙媒体を用いた場合，手紙によるパーソナルコミュニケーション，新聞によるマスコミュニケーションのいずれも可能である。同様に通信衛星による電波を用いた場合も，衛星電話によるパーソナルコミュニケーション，衛星放送によるマスコミュニケーションのいずれもが可能である。
　本章ではマスコミュニケーションについて論じるが，大きく2つの目的を設定している。第1の目的は，ともすればあいまいに用いられてきたマスコミュニケーションの定義自体を問い直すことである。マスコミュニケーションという用語を各種の国語辞典，百科事典，社会学辞典(事典)などで調べると，上に述べた「広範囲・不特定多数の人々に対

する情報伝達」ということに加えて，例外なく「新聞，テレビ，ラジオなどの手段を通じて」という修飾がある。ここで言う「新聞，テレビ，ラジオなどの手段」とは，いわゆるマスメディアのことであるが，問題になるのは新聞の輸送・配送技術，テレビの映像送信技術，ラジオの音声送信技術といった純粋な情報伝達技術ではなく，むしろ新聞社，テレビ局，ラジオ局といった「組織としてのマスメディア」である。このため本章では「マスメディア」という用語は，特に断らない場合でも「組織としてのマスメディア」の意味で用いる。

このように，マスコミュニケーションの定義においては「マスコミュニケーションとは，組織としてのマスメディアを媒体とする情報伝達である」という暗黙の前提が定義の根底にあり，この認識のもとに従来のマスコミュニケーション理論は構築されてきた。しかしながら，インターネットに代表される情報通信網が流布した今日では，この前提は明らかに成り立たない。言い換えれば，今日のマスコミュニケーションは必ずしも組織としてのマスメディアを必要としておらず，その意味で「マスメディアなきマスコミュニケーション」が存在する。

本章の第2の目的は，このような「マスメディアなきマスコミュニケーション」が，現代の社会現象を理解する上でどのような重要性を持つかを，具体的な事例を通して示すことである。マスコミュニケーションは広範囲・不特定多数の人々への情報伝達の手段であるので，政治権力による介入が常に問題となってきた。そこで事例としては，2010年12月から急速に進行した中東における民主化運動をとりあげる。特に，エジプトにおける民主化運動において，この「マスメディアなきマスコミュニケーション」がどのような役割を演じたかについて述べる。

以下では，まず従来のマスコミュニケーション理論について説明し，その問題点を指摘する。次に，マスメディアと政治権力との問題について触れる。そして，インターネットに代表される情報通信網の発展について述べ，中東の民主化運動の具体的事例を説明する。

1 従来のマスコミュニケーション理論

マスコミュニケーションの観点から見て電波機器として最初に登場したものはラジオである。話し手の肉声を瞬時に遠隔地まで送信できるという，新聞にはなかった特性をラジオは備えており，ラジオの普及とともにマスコミュニケーションに関する議論も飛躍的に発展した。ラジオが米国，ヨーロッパ先進国に普及したのは，1920年代前半からである。1920年11月に米国ペンシルバニア州でハーディング大統領の選挙報告が行われたのを皮切りに，フランス，イギリス，ソ連，ドイツ，ベルギー，イタリア，そして日本でラジオの正式放送が始まる。この時期から，1930年代末頃までのマスコミュニケーション理論は，マスメディアのマスコミュニケーションによる情報伝達の影響力は強大であるという立場をとっており，一般に強力効果説と呼ばれている。強力効果説の代表的な議論として，弾丸理論や皮下注射効果モデルと呼ばれるものがある。これらは，マスメディアが発信する情報が，受け手の心に弾丸のように直接的に作用する，あるいは，受け手の内面に浸透し徐々に作用する，というニュアンスの違いはあるが，マスメディアがマスコミュニケーションにより人々の心の深層にまで入り込み，人々を操作することができる，という点では共通である。

しかしながら，1940年の米国大統領選挙に伴い，オハイオ州で行われたマスメディアの影響に関する調査の結果，この強力効果説に対する反論が提示される。調査結果の分析により，受け手はマスコミュニケーションによる情報を，実はそれほど単純に受け入れてはいないことが指摘されたのである［文献②］。これ以降，1960年代頃までは，マスコミュニケーションの影響をより限定的なものとしてとらえる限定効果論が主流となる。限定効果論にもいくつもの議論があるが，たとえば「2段階流れ論」では，マスメディアからの情報は不特定多数の人々に直接作用するのではなく，第1段階では，限られた人数のオピニオン・リーダーに受け止められ，第2段階でオピニオン・リーダーからパーソナル

コミュニケーションによってより多くの人々に伝達されるというモデルが提示された。

その後，限定効果論に対する批判が出され，また，電波媒体の主流はラジオからテレビに移り，さまざまな観点から新たな仮説が提唱され，マスメディアのマスコミュニケーションによる効果は引き続き議論されている［文献③・④］。

ただここで注意すべき点は，これらの理論はマスコミュニケーション理論と呼ばれてはいるが，実質的にはマスメディア理論だということである。これは，組織としてのマスメディアを前提としないマスコミュニケーションは，従来は技術的に不可能だったからである。広範囲・不特定多数の人々に情報を伝達しようとすれば，紙媒体であれば新聞のように印刷設備，配送網が必要であり，電波を用いるならば，ラジオ局，テレビ局のような放送設備が必要であり，加えて一般家庭でのラジオ，テレビの普及が不可欠となる。これらの設備はいずれも多額の投資を必要とし，収益をあげるためには伝達する情報にそれなりの付加価値が要求され，そのためには，情報収集，記事編集のための人員が必要となる。これらを実現できるのは，マスメディア以外にはない。これが従来の議論である。

しかし，インターネットに代表される情報通信網が発達した今日では，この議論は明らかに通用しない。さほどの費用も必要とせず，個人が広範囲・不特定多数の人々に情報伝達を行う「マスメディアなきマスコミュニケーション」はすでに実現されている。

2　マスメディアと政治権力

強力効果説の登場からも分かるように，マスメディアがマスコミュニケーションを介して人々の意識を操作できる，という考えはラジオが普及し始めた1920年代からすでに存在していた。政治権力にとっては，体制維持のためにいかにして国民の支持を得るかは常に至上命題である。従って，国民の意識を操作する手段があれば，政治権力がそれを利

用しようとするのは当然の成り行きと言える．このような理由から，マスメディアと政治権力との関係は，マスメディア理論，マスコミュニケーション理論において重要な焦点となってきた．

特に独裁政権においては，組織としてのマスメディアを統制することにより人々の意識を操作する，という方法は頻繁にとられてきた．たとえば，ヒトラーは1933年に首相に任命され，その後ナチスの一党独裁体制を築くが，ラジオ，新聞，映画といったマスメディアを統制することにより，国民の支持を得ることに成功している．ヒトラーは，ゲッベルスを国民啓発・宣伝担当の大臣にあて，これらのマスメディアを統制している．また，1991年まで存続した旧ソビエト連邦においても，テレビ，ラジオ，新聞，映画などのマスメディアは，国家の統制下に置かれていた．

民主主義国家において，言論の自由，特にマスメディアの政治からの独立性，そして，「国民の知る権利」が重視されるのは，独裁体制や全体主義における言論統制への危惧からである．また，特定の個人や法人が余り多くのマスメディアを管理することは，表現の自由に支障を生じることになり好ましくないと考えられており，これをマスメディアの集中排除原則と呼んでいる．日本を初め，米国やヨーロッパでも国ごとに各種の規制があり，外国資本に対してもマスメディアに関しては一定の出資規制がある．

マスコミュニケーションを政治的に利用するためには，従来マスメディアを管理統制することが必要かつ十分であった．これは，日本においても日中戦争，太平洋戦争などにおいて頻繁に見られた現象である［文献⑤・⑥］．以下に，いくつかの例をあげる．

戦前のラジオ放送は日本放送協会による独占体制にあったが，日本放送協会自体が政府の監督統制下にあった．日中戦争の勃発する1937年頃から，ラジオの契約台数は大手新聞社各社の発行部数を上回るようになり，ラジオがマスコミュニケーション手段の主流となる．日中戦争勃発の約1ヶ月前，1937年6月4日に近衛文麿が第34代首相に就任する

が，近衛は終戦まで日本放送協会の総裁を務めており，ラジオを積極的に利用した。

ヒトラーがラジオを用いて演説を行い，聴衆を感化したことはよく知られているが，近衛内閣時代の日本放送協会はナチスの放送関係組織や番組編成なども詳細に調べ，モデルとして利用している。演説とともに演説会場の拍手と歓声をラジオで放送し，聞き手に一体感を持たせる，これがナチスの手法であったが，近衛もこの手法を利用して日中戦争に対する決意を国民に呼びかけている。さらに南京陥落の際には，ラジオによる前線からの戦争中継も行われている。

日中戦争は1937年7月7日に盧溝橋事件をきっかけとして始まったが，その4日後の7月11日に，近衛は首相官邸に当時のマスメディアの代表40人を集め，日中戦争に関する新聞，通信，報道の全面協力を要請し，これに答える形で同盟通信の社長がマスメディアを代表して協力を約束している。

その後近衛内閣は日米交渉に行き詰まり，内閣総辞職の後，1941年10月18日に陸軍大臣の東条英機が首相となり，1941年12月8日の日本軍による真珠湾攻撃から太平洋戦争が始まる。太平洋戦争が始まると，大本営発表の戦果がマスメディアを通して国民に報道された。当初は事実にもとづく報道がされていたが，戦況が不利になるにつれて日本側に都合の悪い情報は隠ぺいされ都合のよい情報のみが報道されるようになり，さらには，被害は過小に，戦果は過剰に報道され，ついには，事実とは正反対の報道を捏造するに至った。

たとえば，1944年6月のマリアナ沖海戦では，一方的な敗北を喫したにもかかわらず，米軍を撃退したとの虚偽の報道がされている。このような虚偽の報道は，他にも数多く知られているが，日本国内のみならず海外に向けても放送されていた。海外向け短波放送を行っていたラジオ東京（今日の「NHKワールドラジオ日本」の前身）は，英語を含む何種類もの外国語で海外に向けてこれらの報道を行っていた。

もっとも，戦時中に他国に向けての謀略放送を行うこと自体は一般的

な戦略であり，独裁政権や軍事政権に特有の現象ではない。米国も日本の放送を傍受し，これに対抗する手段として「アメリカの声」や「ピーストーク」などの短波放送を日本語で流し，日本に対して降伏を勧告している。放送以外に宣伝ビラなども用いられ，フィリピンの米軍マニラ司令部は，「落下傘ニュース」という日本語での宣伝ビラを1945年3月から8月まで発行し，フィリピン山中，沖縄，日本などで飛行機から投下している［文献⑦］。

太平洋戦争は，1945年8月15日のラジオによる玉音放送により，全国民にその終結が知らされる。しかし，8月6日に広島に原子爆弾が投下され，8月9日にソ連が参戦し，さらに同日長崎に原子爆弾が投下され，同日の御前会議で天皇がポツダム宣言受諾の意向を決断すると，翌8月10日にはラジオ東京により米国に向けて「日本のポツダム宣言受諾の意向」が放送されており，米国内ではただちに日本の降伏が放送されている。すなわち，米国民は日本国民よりも5日も早く戦争の終結を知っていたことになる。

実はラジオで玉音放送が流された背景には，本土決戦を主張する軍部を抑制し，戦争をすみやかに終結するという鈴木貫太郎内閣の意図があった。実際，広島に原爆が投下された2日後，8月8日には，情報局総裁の下村宏が軍部への対抗策として玉音放送について言及している。天皇が直接国民に敗戦を告げることになれば，たとえ軍部といえどもこれに逆らって本土決戦を主張することはできないからである。この意味で，玉音放送はマスコミュニケーションのきわめて政治的な利用であったと言える。

本土決戦を主張する日本陸軍の一部が，玉音放送を阻止しようとしたのは，このためである。玉音放送の録音自体は，8月14日夜半に完了したが，8月15日早朝に陸軍の青年将校らが玉音盤を強奪するために反乱を起こす。天皇と皇居を警護する師団を近衛師団と呼ぶが，反乱軍はまず近衛師団長を殺害し，「玉音放送を計画している者は反逆者であり，ただちに玉音盤を手に入れること」という旨の偽の近衛師団長命令

を発令する。この後，反乱軍は宮内庁に乱入し通信網を遮断する。しかし，最終的には東日本を統括する東部軍に午前6時頃に鎮圧され，クーデターは未遂に終わり玉音放送は正午に放送されることになる。

また，過去に実際に起きた外国でのクーデターを見ると，政権転覆のためにはマスメディアとマスコミュニケーションを掌握することが不可欠であることが分かる。革命のさいには革命軍が放送局を制圧し，革命が成功したというメッセージを流すのが典型的なパターンであった。しかし，後に見る中東民主化運動は，このパターンには当てはまらない。

3　インターネット

インターネットは，1969年に米国国防総省が研究，調査を目的として構築したコンピュータネットワークのアーパネット（ARPANET）に端を発している。その後，大学間へのネットワークに発展し，さらには多数のプロバイダーの参加に伴い，商業用ネットワークとして世界中に普及し今日に至っている。

すでに述べたようにテレビ放送，ラジオ放送の場合には，通信のために高額の設備が必要であり，マスメディア以外にはこのような設備を管理運営することはできなかった。インターネットにおいても通信のための設備はもちろん必要である。しかし，その設備はテレビ局，ラジオ局といった通信設備とは明らかに異なる。テレビ局，ラジオ局などはその放送局独自の専門設備であり，その設備の所有者が放送内容にも関与している。これに対してインターネットでは，その通信網はあくまで使用者のための共用設備である。プロバイダーは通信回線やサーバーなどの設備とサービスを提供するが，送信内容には関与しない。また，パソコンの普及とともに，個人がさほどの費用をかけずに広範囲・不特定多数の人たちに向けて，この共用の通信設備を利用して情報を発信することが可能になった。個人のウエブページやブログを初め，ツイッター，あるいは，ユーチューブへの投稿，フェイスブックなどいずれも，組織としてのマスメディアを一切介することなく，広範囲・不特定多数の人々

への情報発信が行われている。ここに,「マスメディアなきマスコミュニケーション」が実現されたわけである。

ただ,発信される情報の性格が通常のパーソナルコミュニケーションとさほど変わらない場合が多いので,インターネット上のマスコミュニケーションといっても,マスメディアによるマスコミュニケーションとの対比が常に問題になるわけではない。「マスメディアなきマスコミュニケーション」の位置づけが顕著な例としては,1999年のいわゆる「東芝クレーマー事件」をあげることができる。

この事件は,東芝製ビデオテープレコーダーの購入者が,製品の修理に関して起きた東芝とのトラブルをインターネットを用いて公開したものである。具体的には,東芝の担当者との電話でのやりとりを録音し,その録音を音声ファイルとして自身のウエブページで公開した。その結果,東芝の担当者の対応が不適切だとして問題となり,ウエブページにアクセスが集中し,東芝不買運動などにもつながった。また,東芝がこのウエブページに対する裁判を起こしたこともあり,問題はさらに大きくなった。

この事件は,一個人が組織としてのマスメディアの力を借りずに,東芝のような大企業に対して批判的世論を喚起することができることを示したおそらく最初の事例だと思われる。ただしこの場合も,マスメディアがこの事件を取り上げたことによりアクセス数が急増したという経緯があり,広範囲・不特定多数の人々へ情報発信するというインターネットのメカニズムに直接マスメディアが関わっているわけではないが,マスメディアがこの事件に間接的に影響を与えたことは確かである。

4　中東民主化運動

「マスメディアなきマスコミュニケーション」と「マスメディアによるマスコミュニケーション」との最も明確な対比は,2010年12月に始まった中東民主化運動に見ることができる。まずチュニジアでは,2010年12月17日に1人の若者が自殺を図った事件を契機に各地で暴動が起

第Ⅲ部　歴史的・現代的視点

こり，23年間続いたベンアリ政権が2011年1月14日に崩壊する。このチュニジアでの「ジャスミン革命」に触発され，1月25日にエジプトで反政府デモが起こり，その結果2月11日にはムバラク大統領が辞任し，30年近く続いた独裁体制が崩壊する。チュニジアは面積が日本の約4割で人口が約1,000万人と小国であるのに対して，エジプトは面積が日本の約2.6倍で人口が約7,800万人というアラブの大国であり，ムバラク政権は独裁政権ではあるが安定した政権であると考えられていたので，デモ発生後わずか18日でこの政権が崩壊したということは大変な出来事であった。

　このエジプトでの民主化運動で注目すべき点は，上に述べた2種類のマスコミュニケーションの対比である。エジプト政府は国営放送に代表されるマスメディアを擁し，マスメディアを介したマスコミュニケーションを用いて国民の支持を得ようとした。これに対して反政府勢力は，フェイスブックやツイッターなど，インターネットによる「マスメディアなきマスコミュニケーション」を用いて連携を強化し，国民の支持を得ようとした。結果として，エジプト政府によるマスメディアの統制は，「マスメディアなきマスコミュニケーション」には及ばなかったということができる。以下に，チュニジアとエジプトでの民主化運動の経緯を簡単に説明する［文献⑧］。

　チュニジアの中部都市シディブジドで，2010年12月17日に果物売りの屋台の持ち主モハメド・ブアジジ氏が警察官に暴行され焼身自殺を図る事件が起きた。これに抗議する人たちの様子を，モハメド氏のいとこアリ・ブアジジ氏が携帯電話で撮影し，その動画を交流サイト（SNS）フェイスブックに投稿した。チュニジアの国営メディアは統制下にあるため，この事件は報道されなかったが，フェイスブックによりこの問題が広がり，12月25日に首都チュニスで大規模なデモが起きる。デモの様子や，デモで治安部隊に暴行され病院に運ばれる人たちの様子などもフェイスブックに投稿され，反政府運動が広がり，2011年1月14日にはベンアリ大統領が国外に逃亡し，20年以上にわたる独裁政

権が崩壊する。

　このチュニジアのジャスミン革命によって，いわゆるネット革命の威力が全世界の注目を得ることになる。チュニジアの政権崩壊の翌日，2011年1月15日にフェイスブックに「変革か死か」という表題でエジプトにおける1月25日のデモの呼びかけが掲載された。実はエジプト政府もフェイスブックやユーチューブなどの脅威はすでに察知していて，対策室も用意されていた。エジプト政府はネットワーク上に反政府活動家を装ったスパイを配置し，ハッキングの手法を用いて反政府運動のサイトの情報を改ざんし妨害活動を行ったが，反政府運動の側も改ざんされた情報をすみやかに修復し，修復した情報を広めるという人海戦術で対応し，両者の応酬が続いた。結局，エジプト政府の妨害活動はさしたる効果をあげられず，1月25日には数万人規模の反政府デモが行われた。

　この後，エジプト政府はインターネットへの接続を切断するという処置に出る。エジプトでは，インターネットのプロバイダーは4社しかなく，すべて政府の統制下にあった。政府の命令により，1月28日早朝からインターネット接続が切断され，携帯電話も使用できない状態となった。これは，28日に予定されていた反政府デモを懸念しての措置であったが，すでにデモの情報は流布しており，結果として政府の措置の効果はなく28日のデモは実行された。29日未明には，ムバラク大統領が国営テレビを通じて演説し，全閣僚の更迭と新内閣の発足による政権維持の意向を表明した。しかし大規模デモは続き，インターネットの切断に対しても，海外からの批判が起きる。まず，検索大手のグーグルが専用回線を使わずに電話回線を用いてネットワークに接続できるサービスを提供し，次にハッカー集団であるアノニマスがエジプト政府のコンピュータシステムに対してネットワーク攻撃を行った。この結果，エジプト政府は，2月2日にはそれまで切断していたインターネット接続を再開することになる。

　ムバラク大統領は2月1日に国営テレビで演説し，9月の任期満了に

伴い退陣し，次期大統領選挙には出馬しないと表明した。2月2日には，国営テレビで人民議会（国会）が70日以内に民主化に向けて憲法を改正する方針であると述べ，2月10日に，ムバラク大統領は国営テレビで，スレイマン副大統領に権限を委譲する考えとともに，即時辞任はしないとの意向を表明した。しかし，2月11日にはスレイマン副大統領が国営テレビでムバラク大統領の辞任を発表し，政権崩壊が決定した。

ちなみに，1979年のイラン革命においては，パーレビ国王に対するホメイニ師たちの王政打倒のメッセージは，カセットテープでコピーされて広まった。これには当時ラジカセが急速に普及していたという技術的背景があるが，王政によるマスメディアの統制に対しての劣勢は明らかであり，1978年1月の騒乱から1979年の王政崩壊までに1年以上を要している［文献⑨］。

エジプトでは，以前にも2008年4月に数万人規模の反政府デモが行われているが，治安部隊による鎮圧と情報統制のために2日間で終結している。なお，その時点では中東にはフェイスブックはまだ普及していない。中東における主要言語はアラビア語であるが，フェイスブックでアラビア語が使用可能になったのは2009年からである。エジプト政府は通常のウエブサイトやメールの内容は検閲できるが，フェイスブックの場合にはデータの暗号化が行われるので，他のサイトやメールのように簡単には検閲ができず，フェイスブックの普及が反政府活動にとって重要な要因であったことが分かる。

ここでインターネットの普及率がどれくらいであったかが当然問題となるが，フェイスブックの利用者はチュニジアでは人口の約2割で200万人程度，エジプトでは人口の6%程度で500万人程度とされている［文献⑩］。今回革命を先導したのは，ツイッターやフェイスブックなどに詳しいインテリ中間層と考えられている。従って，ツイッターやフェイスブックによって直接大多数の人たちに情報が伝わったというわけではなく，まずインテリ中間層がツイッターやフェイスブックにより情報

を得，次にこの人たちがパーソナルコミュニケーションによってさらに多くの人たちに情報を広げるという，すでに説明した「2段階流れ論」に近い形で実際には情報が広まったと考えられる。

おわりに──「マスメディアなきマスコミュニケーション」の行方──

　本章では，従来のマスコミュニケーション理論と呼ばれるものが，実はマスメディア理論であることをまず指摘した。本来マスコミュニケーションとは広範囲・不特定多数の人々に対する情報伝達のことである。広範囲・不特定多数の人々へのコミュニケーションにマスメディアが必要不可欠かどうかは，論理的な問題ではない。これはあくまで経験的な問題，言い換えれば，科学技術の進歩に依存する問題である。新聞，ラジオ，テレビ，映画などの手段を前提とした場合には，個別専門的な組織・設備が必要であるから，マスメディアとマスコミュニケーションとは不可分の関係にある。これが従来の固定概念である。しかしながら，通信技術，情報処理技術の発展に伴い，コンピュータ・ネットワーク，特にインターネットが発達した今日では，マスコミュニケーションとマスメディアとを分けて考える必要がある。ウエブページ，掲示板，ブログ，ツイッター，ユーチューブ，フェイスブックなどで，個人が広範囲・不特定多数の人たちに対して情報を発信できるのは明らかであり，これも一種のマスコミュニケーションとしてとらえるべきである。にもかかわらず多くの場合，今日においてもマスコミュニケーション理論は，従来と変わらず組織としてのマスメディアをその前提に置いている。

　通信技術によるネットワークと，情報処理技術によるコンピュータとが合体し，コンピュータ・ネットワーク，情報通信網が整備され，事情は一変した。すなわち，インターネット，ツイッターなどは，マスメディアなしのマスコミュニケーションを実現したのである。この新しい形のマスコミュニケーションの影響が如実に現れたのが，2010年12月からの中東における民主化運動である。従来，マスコミュニケーション

を政治的に利用する場合には，マスメディアを管理・統制することが必要かつ十分であった。また，政権転覆のためにはマスメディアを掌握することが不可欠であり，革命のさいには革命軍が放送局を制圧しようとし，政府軍がこれを阻止しようとする攻防が典型的なパターンであった。しかしながら，中東における民主化運動，特に 2011 年 1 月から 2 月にかけてのエジプトでは，エジプト政府は組織としてのマスメディアを統制することはできたが，「マスメディアなきマスコミュニケーション」を制御することはできず，その結果革命を食い止めることはできなかった。

　政府がインターネットをどこまで統制できるかは重要な問題であり，特に中国における展開が今後の焦点と考えられる。中国でも中東民主化運動の後に反政府デモの呼びかけがインターネット上で行われたが，中国政府は独自に開発した監視システムを用いて厳しい検閲を行った。その結果，インターネット上の政府批判や，インターネットでの呼びかけによる反政府デモはさほど表面化しなかった。しかし，2011 年 7 月 23 日に浙江省温州市で高速鉄道の衝突事故が起き，公式発表によると 35 人の死者，192 人の負傷者が出た。この事故における中国政府の遺族への対応や，これまでの開発期間短縮，安全面軽視の態度などに関して，インターネット上での政府批判は増加しており，今後の展開が注目される。

　また，「マスメディアなきマスコミュニケーション」が反政府運動で重要な役割を果たしたということは，裏を返せば暴動やテロリズムのために悪用されうる，ということに他ならない。これはすでに英国で発生した問題である。2011 年 8 月 6 日にロンドン北部で警察官が黒人男性を射殺した事件を発端に，英国各都市で暴動が発生した。そしてフェイスブックでこの暴動を扇動したとして，8 月 16 日に英国中部マンチェスターの裁判所は，20 歳と 22 歳の男性に禁固 4 年の実刑判決を言い渡している。1 人は 400 人に，もう 1 人は 147 人にフェイスブックで暴動を呼びかけており，警察の事前の対処により暴動は引き起こされなかっ

たものの，事件の重大さは明らかである。このように「マスメディアなきマスコミュニケーション」には，負の側面も付随していることを忘れてはならない。

引用文献
①日高六郎「マス・コミュニケーション概論」，竹内郁郎・岡田直之・児島和人編『リーディングス 日本の社会学 20 マス・コミュニケーション』東京大学出版会，1987 年，28-42 頁
②Lazarsfeld, Paul F., Bernard Berelson, and Hazel Gaudet, *The People's Choice: How the voter makes up his mind in a Presidential campaign*, 3d ed. (New York: Columbia University Press, 1968).（有吉広介監訳，時野谷浩ほか訳『ピープルズ・チョイス：アメリカ人と大統領選挙』芦書房，1987 年）
③児島和人『マス・コミュニケーション受容理論の展開』東京大学出版会，1993 年
④飽戸弘『コミュニケーション：説得と対話の科学』筑摩書房，1972 年
⑤「第3回 "熱狂" はこうして作られた」『NHK スペシャル：シリーズ　日本人はなぜ戦争へと向かったのか』NHK 日本放送協会，2011 年 2 月 27 日 21:00～22:00
⑥「玉音放送 66 年目の真相」『ザ・スクープ SP』KBC 九州朝日放送，2011 年 8 月 14 日 14:00～15:25
⑦『米軍マニラ司令部発行「落下傘ニュース」復刻版』新風書房，2000 年
⑧「ネットが "革命" を起こした～中東・若者たちの攻防～」『NHK スペシャル』NHK 日本放送協会，2011 年 2 月 20 日 21:00～22:00
⑨日本経済新聞，2011 年 2 月 20 日朝刊
⑩日本経済新聞，2011 年 1 月 29 日朝刊

謝辞
本章の執筆にあたっては，九州大学文学部 3 年生（学年は 2011 年 4 月時点）の鶴井愛子さんと二宮亜実さんから有益なコメントをいただきましたので，ここに感謝の意を表します。

執筆者一覧

(所属は九州大学文学部，＊は編者)

菊地 惠善（きくち えいよし）（哲学・哲学史研究室，教授）

吉原 雅子（よしはら まさこ）（倫理学研究室，講師）

東口 豊（ひがしぐち ゆたか）（美学・美術史研究室，准教授）

舩田 善之（ふなだ よしゆき）（東洋史学研究室，講師）

神寳 秀夫（しんぽう ひでお）（西洋史学研究室，教授）

青木 博史（あおき ひろふみ）（国語学・国文学研究室，准教授）

西岡 宣明（にしおか のぶあき）（英語学・英文学研究室，教授）

上山 あゆみ（うえやま あゆみ）（言語学・応用言語学研究室，准教授）

三浦 佳世（みうら かよ）（心理学研究室，教授）

中村 知靖（なかむら ともやす）（心理学研究室，准教授）

光藤 宏行＊（みつどう ひろゆき）（心理学研究室，講師）

鈴木 譲（すずき ゆずる）（社会学・地域福祉社会学研究室，教授）

安立 清史（あだち きよし）（社会学・地域福祉社会学研究室，教授）

高野 和良（たかの かずよし）（社会学・地域福祉社会学研究室，准教授）

九州大学文学部人文学入門 3
コミュニケーションと共同体(きょうどうたい)
2012 年 3 月 30 日　初版発行

　　　　編　者　　光　藤　宏　行

　　　　発行者　　五十川　直　行

　　　　発行所　　(財) 九州大学出版会
　　　　　　　　　〒812-0053　福岡市東区箱崎 7-1-146
　　　　　　　　　　　　　　　九州大学構内
　　　　　　　　　電話　092-641-0515（直通）
　　　　　　　　　振替　01710-6-3677
　　　　　　　　　　　　印刷・製本／大同印刷㈱

Ⓒ Hiroyuki Mitsudo, 2012　　　　　ISBN978-4-7985-0077-5

九州大学文学部人文学入門シリーズ　全4巻

1　東アジア世界の交流と変容
　森平雅彦・岩﨑義則・高山倫明［編］

2　生と死の探究（仮題）
　片岡　啓・清水和裕・飯嶋秀治［編］
　（2013年2月刊行予定）

3　コミュニケーションと共同体
　光藤宏行［編］

4　フィロロジーの射程（仮題）
　岡崎　敦・岡野　潔［編］
　（2012年9月刊行予定）

A5判・2,000円

（表示価格は本体価格，2・4は予価）

九州大学出版会